沈みゆくアメリカ覇権

止まらぬ格差拡大と分断がもたらす政治

中林美恵子
Nakabayashi Mieko

小学館新書

共和党と民主党の比較

	共和党	民主党
誕生	1854年	1828年
人工妊娠中絶	プロ・ライフ（中絶権利反対派）	プロ・チョイス（女性権利擁護派）
財政理念	・新自由主義を志向 ・財政支出の抑制と規律を重視 ・軍事費拡大	・大きな政府志向 ・財政赤字には大きな注意を払わない ・軍事費より教育や社会保障費
政府の役割についての考え方	小さな政府を志向し、地方政府や個人に介入しない	中央政府が大きな役割を発揮し、税の再配分を行う
福祉政策・インフラ投資への積極性	消極的	積極的
貿易についての考え方	自由貿易を推進	保護主義を好む
経済政策	所得減税、規制緩和などで経済成長を目指す	富裕層への課税を強化し、再配分を行う
エネルギー政策	産業界を支援	環境保護派を支援
宗教	公立学校での祈祷を推進	共和党の政策に反対
銃規制	銃は憲法で保障された自衛手段と主張	銃規制を推進
デモの暴徒化への対応	法と秩序を重視、暴徒を厳しく取り締まる	デモを行う人々に着目し、厳しい対応をしない場合も
死刑制度	死刑に賛成の傾向	死刑廃止を推進
不法移民への対応	厳しく対応	寛容な対応
LGBTの権利	LGBTに懐疑的な見方をする	権利保護を主張
支持層	・中産階級 ・富裕層 ・プロテスタント福音派 ・保守的なカトリック ・白人高齢者層	・歴史的に不遇を強いられてきた有権者 ・人種的マイノリティ ・宗教色の薄い有権者 ・貧困層、若年層、フェミニスト
支持団体	・全米ライフル協会 ・軍事関連産業 ・退役軍人協会 ・宗教保守派 ・石油産業 ・農業団体	・労働組合 ・環境保護団体 ・消費者保護団体 ・有色人種（特にアフリカ系） ・公民権運動団体 ・女性候補支援団体
党より輩出した主な大統領	リチャード・ニクソン ロナルド・レーガン ジョージ・H・W・ブッシュ ジョージ・W・ブッシュ	フランクリン・ルーズベルト ジョン・F・ケネディ ビル・クリントン バラク・オバマ

はじめに

大統領選挙は、時代を反映する力と時代を創る力を持ち合わせている。その熾烈な闘いが今まさにアメリカで繰り広げられており、間もなく時代の方向性が決まろうとしている。すでに、アメリカ1強だった世界の覇権は、2つの理由から過去のものとなりつつある。1つは中国の相対的な台頭とともに、アメリカの圧倒的なリーダーシップに陰りが見えていること。そしてもう1つは、アメリカ国内の政治と社会に変化が見えることである。国民の中でも特に若い世代の変化が顕著になっている。アメリカが良かれと思うものを他国に押し付けること、しかも武力を用いてでもそれを行うことを善と考える層は、減少しつつある。アメリカの政治システムに対する自信と余裕も、失われつつある。それは新型コロナウイルスで世界最悪の感染者と死者数を出したことによっても加速された。一流国としての圧倒的な優位性や優越感が、崩れつつある局面だ。

私たち日本人は、第2次世界大戦後からアメリカの同盟国として安全保障も経済も、同国を頼りにしてきた。今後も日米関係の重要性は変わらないが、アメリカの変化によっては、かつての時代のままとはいかなくなる可能性がある。日本の経済状況を鑑みると、これからもアメリカと連携しながら、隣国である中国とバランスをとり、中国には貿易や投資で稼がせてもらいたいのが日本の本音だ。しかし、国際関係の安定に欠かせない安全保障の負担をアメリカに頼る日本が、どこまで虫の良い状態を維持できるだろうか。

アメリカが経済力や軍事力で中国に追いつかれ追い抜かれることは、必ずしもフィクションではない。民主主義を守る意味でもそのような時代を迎えないよう、日本はどうすべきなのか。アメリカに日本が能動的に働きかけるには、まずはアメリカ国内の政治や国民を知り尽くすことから始めるほかはない。そのヒントが大統領選挙である。

筆者は1990年代から2000年代にかけて約10年間、米連邦議会予算委員会（共和党側）に公務員として勤務した。何度、大統領選挙および中間選挙を経験したことだろうか。選挙はどれをとっても時代を映す鏡だった。しかし当時の筆者は、自分たちの政党や仕事内容、そして職務に少なからぬ影響を受ける事態に気を取られ、胸が押しつぶされるほどの緊張感だけ味わっていた。今は議会とワシントン政治の現場から離れて少し楽になり、選挙が時代を創っていくことを実感している。

それでも、今年の大統領選は異例ずくめだ。例えるなら、1918年のスペイン風邪と1929年の世界大恐慌、1960年代の米公民権運動が同時に発生したようなものだ。新型コロナウイルスの死者数は、外国との戦争で出したそれぞれの死亡数を大幅に上回った。巨額の財政出動で失業者数を抑え、失業しても給付金を上乗せして対応したが、永久には続かない。株価は堅調だが、7月時点でも約1200万人以上が依然として職を失ったままだ。警官による黒人殺害をきっかけに人権デモも拡大した。BLM（ブラック・ライブズ・マター、黒人の命は大切だ）と訴える運動に対し、別のBLM（ブルー・ライブズ・マター、警官の命も大切だ）と警官の制服の色を示す青を掲げる運動も起こった。それらに郵便投票の混迷が追い打ちをかける。おそらく今年最大の政治ショーは、郵便投票と票集計の遅延かもしれない。トランプ大統領も、郵便投票は不正の温床であると早くも予防線を張る。こうなると、選挙当日は双方の候補が敗北宣言をしない可能性がある。

本書執筆に当たっては、米議会勤務時代の多くの友人知人から貴重な声をいただいた。

共和党の元同僚たちは、今では議会内外で大活躍を続けており、あちこちからほぼ毎日インサイダー情報および分析が送られてくる。それらはマスメディア報道の何週間か前をいく場合がほとんどで、本音も披露されている。

一方の民主党を支援する人々の声については、何人かの友人に頼んで重要人物を紹介してもらった。驚くほど多くの元高官や外交官、政治家がビデオ会議、メールおよび電話で話をしてくれた。その中でもビル・ブラッドリー元上院議員（2000年大統領候補としてアル・ゴア氏と予備選で競った）と2人だけの電話は感慨深かった。彼は今年の民主党候補のバイデン氏とも40年来の友人だ。1993年、筆者が議会勤務駆け出しだった頃、議事堂の地下鉄で居合わせて「どの事務所？」と聞かれ「予算委員会の共和党側です」と答えると「仕事は楽しいかい？」と、ブラッドリー氏独特の鋭い眼光ながら温かみのある表情で聞かれたものだ。そんな思い出話も今回は電話で共有することができた。感謝に尽きない。

最後に、執筆にあたり多大なサポートをくださった小川昭芳編集長と松浦貴迪氏に、心からの感謝を申し上げたい。

沈みゆくアメリカ覇権　止まらぬ格差拡大と分断がもたらす政治

目次

第3章

れ続けるのか／自動車関連の輸出は日本にとっての弱みになっている／トランプ政権が本当に望んでいるのは、日本のアジア地域での影響力強化／悲観的にならざるを得ない沖縄基地問題／トランプ氏のもともとの本音は「北朝鮮の脅威は日本自身で解決しろ」／中国からの防衛に日本はアメリカを頼らざるを得なくなった

日本が「どっちつかず」な態度を取ることは許されない／クリントンは「戦略的パートナー」として中国を選んだ／戦略的に多国間で協力して中国の対外的な行動が変わるように仕向ける／バイデン政権の入閣候補者リスト／TPPなどの多国間の枠組みが復活する可能性／北朝鮮対応の「優先順位」は低い／「昔のような対中融和はあり得ない」／日本におけるバイデン氏のメリット

校閲／西村亮一
図版／タナカデザイン

第1章

トランプ続投とアメリカ覇権時代の終焉

トランプ政権によってもたらされた法人減税と失業率の改善

「やっぱり民主党には絶対にできないわ、この減税は！」

「大統領の人柄なんて関係ないよ。経済を良くしてくれる人が一番だ。民主党政策の反対をやれば成功するって証明したね」

と、共和党の友人と元同僚たちは共和党が政権を取ってから、共和党が得意とする政策の話になると生き生きしていた。

その一方でトランプ大統領は、アメリカ・ファーストのスローガンのもと、既存の国際秩序に挑戦を仕掛けた。中国との貿易戦争にも関税を武器にトランプ氏らしい挑み方をし、北朝鮮やロシアとも過去とは別の外交スタイルをとろうとした。ヨーロッパの国々との同盟関係も変化を見つつある。イランとの対立およびイスラエルへの接近は、オバマ政権の政策の逆を目指してきたようだ。

経済的な対価を判断の基準に据え、同盟国を含めた交渉相手に譲歩を迫る姿も、トランプ大統領にとっては理にかなったアメリカ・ファーストである。国際的な合意や組織には、往々にして矛盾や不合理が存在する。そして、覇権国であったアメリカがより多くの負担や寛容さを求められる場面も多かった。たとえば中国が発展途上国というステータスで得をしているＷＴＯ（世界貿易機関）については、上級委員会の委員選任や任期延長にトランプ政権が応じず、最終審にあたる上級委員会は実質的に機能しなくなった。国際貿易について、トランプ大統領の交渉スタイルは基本的に二国間で成立させることを主張し、多国間でのルールに基づく貿易はアメリカに不利に働くとの思考で動いている。

ＷＨＯ（世界保健機関）についても、中国に寄り過ぎているという理由で、７月７日に脱退の発表があり、（トランプ氏が再選されれば）２０２１年７月６日に正式に脱退となる。ＷＨＯ任意拠出金の全体に占める比率（２０１８～２０１９年予算）は、トップからアメリカ＝15・18％、英国＝７・91％、ドイツ＝５・33％、日本＝２・59％、カナダ＝１・67％の順番となっている。メリンダ・アンド・ゲイツ財団などからの寄付金も大きく残ってはいるが、もしアメリカが脱退すればＷＨＯの運営は厳しいものになる。

またトランプ氏は、アメリカ建国の理念である民主主義や人権を、外国に対してことさら声高に叫ぶことはしない。アメリカを世界のリーダー役として長年受け入れてきた国々からすると、やはりアメリカらしくない大統領に見えてしまう。外国を守るためにアメリカが過度な軍事的支援をすることにも、トランプ氏はもちろん否定的である。これは「アメリカは世界の警察官ではない」と宣言したオバマ前大統領と同様であるが、トランプ大統領はそれをさらに明確に打ち出す傾向がある。

アメリカ国民は一般的に、既存の政治常識を覆すような新鮮な候補を好む。トランプ大統領はあらゆる面で伝統的な大統領ではない。どちらかといえば新人類的な政治のアウトサイダーであり、だからこそ既存の政治や政治家が見過ごしてきた社会の問題や人々の不満に気付けたという側面も指摘しておかねばならない。

たとえばトランプ氏は、２０１６年の大統領選挙以来、白人労働者の気持ちを表現する言葉を連発することに徹した。昔の古き良きアメリカに比べ、移民や有色人種に仕事や機会を奪われていると感じていた層や、自分たちの価値観が脅かされると不安を抱いていた人々にとって、トランプ氏の着想が歓迎されたのである。そしてトランプ氏のメッセージは、常にシンプルで分かりやすいという身近さがある。理想論的なことばかり言う民主党のオバマ政権に不満を持っていた人々や、従来の政治家や官僚に不満を持っていた人たちは、常識がないといわれても平気でいられるトランプ氏の頑固さとバックグラウンドを見れば、きっと言ったことをブレずに実行してくれるという確信を持つことができた。

大統領に就任してからのトランプ氏の功績といえば、やはり経済成長と雇用の増加を実現したことであろう。職に就いた２０１７年には、年内の12月22日に税制改革を成立させ、共和党の悲願であった法人減税を実現することができた。このことにより株価はさらに上昇し、景気が上向いていった。

徹底的に起業家、投資家寄りの政策を打ち出すことにより、経済成長を推進してきた点は、共和党支持者らが期待したとおりとなり、支持層に好意的に受け入れられた。また雇用の改善は、マイノリティを含めて、多くの労働者に恩恵をもたらした。失業率は大統領就任時の約５%から50年ぶりの低水準である３・５%に引き下げた。２０２０年１月末の時点では、特に低所得層の賃金上昇も続いていた。アメリカの約半数にあたる24州が最低賃金を引き上げる予定まで立った。トランプ大統領は２０２０年2月6日の一般教書演説で、自身が就任してから７００万人の雇用が創出され、失業率が半世紀ぶりの低水準になったのみならず、女性の失業率は70年ぶりの低水準、そして２０１９年の新規雇用者の72

%が女性だったというデータを示している。

またイデオロギーや価値観の側面においても、保守層を満足させる仕事をこなしていった。最高裁判事の指名については、2人の保守派（人工中絶に反対するなど保守としての評価が高いニール・ゴーサッチ氏とブレット・キャヴァノー氏）を送り込むことに成功した。最高裁判事に任期はなく、裁判を通してアメリカ社会の価値判断を行うという意味でも、実は大統領を選ぶ以上に重要なのが最高裁判事の任命だと、アメリカ人は認識している。

また良いか悪いかは別としても、米韓FTAの再交渉、NAFTA（北米自由貿易協定）の再交渉及びUSMCA（アメリカ・カナダ・メキシコ協定。NAFTAに代わるもの）の成立、TPP離脱、パリ協定離脱宣言、イラン核合意の破棄、メキシコとの国境の壁建設のために大統領令で予算組み替え、日米二国間協定の第1段階協議成立、中国に対する関税制裁及びハイテク企業への制裁など、多くの公約を成し遂げている。大きなもので実現していないのは、オバマケアの完全廃止と2兆ドルのインフラ投資ぐらいであろう。

岩盤支持層のキリスト教福音派が離反⁉

トランプ大統領の岩盤支持層といえば、キリスト教福音派がよく指摘されている。福音派は、特定の教派を指すわけではなく、聖書の教えに目覚めた保守的なプロテスタントの総称である。近年の世論調査では、アメリカ人の約25％が福音派であると回答しており、アメリカでは最大規模の宗教勢力といっても過言ではない。全宗教で、プロテスタント＝47％、カトリック＝21％、無宗教＝20％、ユダヤ教＝２％、その他となっている。宗教的に見ると、国民の４人に１人が福音派ということになる。

２０１６年大統領選挙の出口調査によれば、福音派の81％がトランプ氏に投票し、クリントン氏に投票したのはわずか16％だった。トランプ大統領はその支持を維持するため、たとえば最高裁判所判事に保守派を指名し、妊娠中絶容認のリベラルな流れに歯止めをかけたり、反イラン・親イスラエル政策を推進したりし、福音派から大いに評価を受けた。

またトランプ大統領は、宗教団体が政治参加できるように政治改革を推し進めようとしている。たとえば、アメリカ税法の中にあるジョンソン修正条項（教会など免税措置を受けている非営利団体が選挙で特定の候補を応援したり反対の表明をしたりすることを禁じる規制）撤廃を求めた大統領令に、就任早々の2017年5月4日に署名を行っている（ただしこれは立法措置を必要とするため、憲法により大統領に立法権限がない以上、ある意味パフォーマンスでしかない）。

さて、出口調査によると福音派の8割ほどがトランプ氏に投票した事実は、近年稀に見る支持の高さだった。したがって、その福音派の動きや変化については、多くの人々の関心の的になりやすい。そして実際に、そうした動きが次々と報道される事態も起きた。

その一つが、『クリスチャニティー・トゥデー』誌にかかわる動きである。これは福音派の最も有名な指導者ビリー・グラハム師（2018年没）が創刊した雑誌である。実はこの雑誌のマーク・ガリ編集長が2019年、「トランプ氏を上院の弾劾裁判で罷免させるか、あるいは、次の選挙で落選させるべきか、慎重な判断を要する問題だ」と、トランプ大統領に背を向ける論評をしたのだ。もちろん大きなニュースとなって報道された。福音派を率いる別の有力指導者のジム・ウィリアム氏も同調し、トランプ氏を排除することは政治問題ではなく信仰の問題だと述べている。ただし、グラハム師の息子であるフランクリン・グラハム師は、こうした動きには賛成しないという投稿をツイートするという動きも、一方ではあった。

　こうした福音派の指導者が離反する動きが目立ったのは、トランプ大統領のロシア疑惑に関する下院と上院における弾劾裁判の審査が佳境にあった頃と重なる。２０１９年12月23日には、別の福音派の雑誌『クリスチャン・ポスト』のナップ・ナズワース記者が辞任を余儀なくされたとツイッターで訴えたこともニュースになった。理由は、同誌がトランプ氏を応援する運動に参加するという社説を掲載することに、異議を唱えたためだったという。

　ニュースだけを追うと、いかにもトランプ大統領の岩盤支持層が離反しているように見える。ただ、どうもメディアが大々的に伝えるほどには大きな流れとなっていない可能性がある。福音派の指導者の動きには確かに変化があるようだが、結局のところ大きな得票をもたらすのは一人ひとりの信者であり有権者だからだ。もしも、トランプ大統領の支持率が過去にないレベルまで急落するようであれば、岩盤支持層の離反が疑われるが、共和党支持者の８～９割が安定してトランプ支持と回答し、全体的な世論調査でも４割以上が支持する安定ぶりとなると、極端な変化が起こっているとはいい切れないのである。

福音派は、トランプ大統領との親和性が高いらしい。マイク・ペンス副大統領が福音派のエースであるという事情もあるが、信者そのものに現世的な傾向があり、トランプ氏を受け入れやすい基礎がある。たとえば、勤勉に働くことによってお金を稼ぐことは神への奉仕だと考える（これは旧約聖書の申命記一説に基づく）ので、トランプ大統領のビジネス的な成功は歓迎すべきものとなる。もともと権威主義的なカトリックに対抗し、非主流派として発展してきた福音派は、誰にもいつでも神が降りてきて生まれ替わる（ボーン・アゲイン）ことで牧師になれるとされ、徹底的に平等主義の側面も存在し、異形の大統領も異形とは見なさない。

また、どちらかというと知性より感情を露わにした熱狂が先行するため、反知性主義的だという指摘もあるように、トランプ大統領に熱狂的になる素地がある。実際にトランプ氏は、反エスタブリッシュメントであり、典型的な反知性主義でポピュリストだ。ただ、アメリカには福音派に限らず、知性が権威主義・エリート主義につながるという見方が歴史的に根強いので、トランプ氏は宗教に限定されずに多くの有権者からの支持を得る要素がある。トランプ氏が、主要メディアや学者、エスタブリッシュメントの官僚などを攻撃する姿は、ある層にとっては、やはり支持される要因となっている。グローバル化から取り残された有権者から、トランプ氏が熱狂的な支持を集めたこととも符合する。

大逆風となった抗議デモ鎮圧へ「軍隊動員」発言

さて、2020年5月25日、中西部ミネソタ州ミネアポリスで黒人男性が白人警察官によって頸部を圧迫され死亡する悲惨な事件が起こった。そして抗議デモが激しくなる中で、それを鎮圧するのに米軍の動員も辞さないと大統領が発言したことは、大きな政治問題になった。その際にも、共和党内でのトランプ批判の動きが大きくクローズアップされた。

共和党で著名な黒人の一人であるコリン・パウエル元国務長官（元統合参謀本部議長）は、大統領が合衆国憲法を軽んじているとトランプ氏を非難し、テレビ番組で民主党候補に確定したバイデン前副大統領に投票すると発言。ジェームス・マティス前国防長官も、同様の理由でトランプ氏を大統領にふさわしくないと断じた。ユタ州選出のミット・ロムニー上院議員は投票用紙にトランプ氏の名前を書かないことを示唆し、ブッシュ（子）元大統領と弟のジェブ・ブッシュ元フロリダ州知事らも、バイデン氏に投票する可能性を示唆した。アラスカ州選出のリサ・マコウスキー上院議員も11月の大統領選挙でトランプ氏を支持するか分からないと述べている。さらに共和党唯一の黒人上院議員ティム・スコット氏も、平和的に抗議する権利を軽んじるのは非難されるべきだとして、命令の健全性に軍最高司令官としての信頼がゆるぎつつあることに言及した。

特に辛辣だったのは、米軍関係者等のトランプ大統領に対する反応である。マティス前国防長官に限らず、多くの軍関係者がトランプ大統領に苦言を呈した。ジェームズ・スタブリディス元北大西洋条約機構（NATO）欧州連合軍最高司令官、マーティン・デンプシー元統合参謀本部議長、マイク・マレン元統合参謀本部議長、そしてトランプ政権で大統領首席補佐官を務めたジョン・フランシス・ケリー元海兵隊大将たちだ。現職のマーク・エスパー国防長官やマーク・ミリー統合参謀本部議長も、アメリカ市民の抗議デモに対する軍隊の使用は間違っていると述べたほどである。その他、国防総省元高官の約90人が連名の書簡を作成し、大統領の発言を非難した。こうした流れの中に多くの共和党重鎮が含まれていたことから、共和党内でのトランプ氏に対する批判的な見方として大いに注目された。

軍関係者以外にも、共和党主流派による大統領へ反発の動きが大きく報道されている。たとえば「リンカーン・プロジェクト（The Lincoln Project）」は、奴隷制を廃止したアブラハム・リンカーン大統領を共和党員の鑑とするグループで、トランプ大統領顧問のケリーアン・コンウェイ氏（8月辞任）の夫が参加し、反トランプ広告キャンペーンを繰り広げる。他にも「リパブリカン・ボーターズ・アゲインスト・トランプ（Republican Voters Against Trump）」というグループもある。目標はトランプ氏再選の阻止であり、デジタル媒体を中心に、ミシガン、ペンシルベニア、フロリダ、ウィスコンシン、ノースカロライナ、アリゾナといった激戦州をターゲットに1000万ドル以上の資金をつぎ込んでいる。

他にも、トランプ大統領の再選阻止を訴える共同声明文がワシントンポストに掲載され、話題を呼んだ。寄稿したのは前出したケリーアン・コンウェイ氏の夫で著名弁護士のジョージ・コンウェイ氏、そしてジョン・マケイン元大統領候補選挙参謀だったスティーブ・シュミット氏、政治戦略家でメディア・コンサルタントのリック・ウイルソン氏、ブッシュ（子）元大統領の顧問だったリード・ギャレン氏、ジョン・ケイシック元大統領候補（元オハイオ州知事、元下院議員）の選対本部長を務めたジョン・ウィーバー氏など、正真正銘の共和党の代表格5人だった。

これらのみならず、さまざまな共和党グループの間で少しずつ、反トランプの動きが活発になりつつある側面はある。こうした人たちの集団は総称して「ネバー・トランパーズ（Never Trumpers）」という呼び方をされる。具体的な活動家としては、レーガン政権の「機会平等」局長を務めた著名テレビ解説者リンダ・チャベス氏、そしてクラウディン・シュナイダー元下院議員（ロードアイランド州）、ブッシュ（子）政権で環境保護局（EPA）長官を務めニュージャージー州初の女性知事だったクリスティン・ホイットマン氏、レイ・ラフード元下院議員（イリノイ州）らが含まれている。彼らもバイデン支持を公言している。

他にも共和党内の反トランプ勢力はある。最近とくに、トランプ批判を強めているのは、2009～2011年に共和党全国委員会（RNC）委員長という要職を務めたマイケル・スティール氏だ。また「リンカーン・プロジェクト」チーフ・ストラテジストを務めるリード・ギャレン氏も、前回選挙で特に激しい接戦が繰り広げられた3州（ウィスコンシン州、ペンシルベニア州、ミシガン州）に照準を合わせ、トランプ対クリントンで票差が3州合計でわずか「7万票」だったことに着目し、「共和党支持者のうちたとえば1％だけでも反トランプになれば、民主党候補が勝つだろう」と主張している。

共和党プロフェッショナルの9割がトランプ氏の人柄や政治手法を毛嫌い

そうはいっても、コロナ禍最悪時でもトランプ大統領の支持率は、41％を超えている。このような状況において、救いようがないほどの下落ではないのである。大統領職就任以来、支持率は低空飛行とはいえ、その上下動は10ポイント以内ほどに収まっており、これまでの大統領と比較しても非常に安定している。その理由としては、逆境でもトランプ氏を支持するという岩盤支持層の存在も指摘される。

2期目の大統領選挙を半年後に控えた過去の大統領の支持率を、『ナショナルジャーナル』誌が比較した調査がある。これによれば、トランプ氏の支持率は49％である。2期目に勝利したどの大統領も（ブッシュ〈子〉＝53％、オバマ＝50％、クリントン＝57％という具合に）トランプ氏よりも支持率が高かったことが明らかになっている。一方で2期目の選挙で失敗した歴代大統領を見ると、カーター＝31％、ブッシュ（父）＝42％だったので、落選した2氏よりもトランプ大統領のほうが高い支持率をキープしていたことも事実である。つまり、トランプ氏の勝敗は過去の大統領選挙と比較しても、非常に微妙な位置にあるということだ。

新型コロナウイルス感染拡大を軽視し、経済活動再開を優先したために、感染者及び死亡者は世界最悪を記録し、アメリカの2020年4－6月期はGDPマイナス32・9％と戦後最悪を記録するなど、トランプ政権で成長してきた4年間の果実が吹き飛んだ。そのような状況で、4割以上の支持をキープする大統領の強さは尋常ではない。だから保守層の支持が崩れ去ったという指摘は、全体像を見る限り必ずしも当たらないといえる。ただし、ワシントンを中心として政治や政策にかかわるプロたちの目は、共和党内で非常に厳しく、「異形」であるが故のトランプ大統領個人に対する評判は極めて悪い。

また、それまでトランプ支持者であった共和党員の中でも新型コロナ軽視で重症化しやすい高齢者たちがトランプ批判に回ったのも想定外だったのではないか。

筆者の共和党元同僚であるプロフェッショナルたちも、ほぼ9割がトランプ大統領の人柄や政治・政策手法を毛嫌いしている。たとえば、

「もともとトランプのような人が共和党の中核とは思わないし、少なくとも主流派ではな

い」

「ワシントンの官僚は国家の弊害だと言われ、毎朝目が醒めると自分は何のために生きているのかと苦しくなるよ、実は」

というような声が聞こえる。

それでも、政治が相対的なものである以上、民主党に政権が取られてしまうよりもマシだと考えて、選挙で選ばれた大統領をサポートしているというのが実態だろう。大事なのは、全国津々浦々にいる有権者であり、「共和党支持層」に対象を絞った意識調査では、依然として80〜90%近くが「トランプ支持」を表明している。

ただし、アメリカ政治は新型コロナウイルスの感染状況が変化したのと同様に、時々刻々と変化している。黒人の人権と警察権力改革を訴えた抗議デモの大きさも、トランプ大統領のスタンスと無縁ではない。それらを総合すると、4月から6月までにキリスト教福音派のトランプ氏支持率が一時的かもしれないが、11%低下したことは、現時点では注目に値する。また農村部などでも支持率が過去1カ月で14%下がり、半数以上が「黒人の命は大切」運動に共感すると答えている。

自分を支持しない有権者は敵対視する

トランプ大統領は、良くも悪くも「異形」の大統領である。大統領は、一旦その職に就くと自分に投票しなかった有権者も含めて、アメリカ全体に奉仕することが期待されるものであるが、トランプ大統領の場合は当初から徹底的に支持者及び支持者になりそうな層と、何をしても自分にはなびかない層を区別している。さまざまな人種や幅広い宗教など取り込んで、支持層を広げようとしないところは、一見非合理的にも見える。しかしながら結果的にトランプ大統領の熱狂的な支持層を固めることに繋がっているのである。それらの代表格が、アメリカの駐イスラエル大使館のエルサレム移転、イラン核合意の離脱、パリ協定の離脱、人種差別反対デモに対する軍出動の発言など、その後も物議を醸している事柄なのである。オバマケアの廃止という公約についても、ひとまず保険加入の義務を撤廃し医療保険を購入しないアメリカ人に罰金を科すという条項を削除したことにより、小さな政府を標榜する有権者（特にかつてのティーパーティーに属する人々）に評価された。これも、自身の支持者へのアピールに特化した動きだといえよう。

また、通商と外交・安全保障が一体化するという特徴も、トランプ政権にはある。これは従来の国際政治から見れば、大きな不透明要因となった。ホワイトハウスの中にNTC（国家通商会議）を創設し、国家安全保障における通商と外交の役割をリンクし、戦略的に考えるとした。たとえば「2015年貿易円滑化・貿易執行法」の為替操作国認定基準3つのうち、現在は、ほとんど対米貿易収支にのみ注目するようになった。

トランプ政権の立場は、アメリカの国内産業にとって雇用を生み出す方向に圧力をかけることである。たとえばNAFTAの見直しについては自動車産業における部品の調達率を上昇させることに尽力し、エネルギー産業界に対してはパリ協定離脱に見られるように環境対策よりも化石燃料の開発に力を注ぎ、規制緩和にも励んできた。

また、大統領就任当初から力を注いだ税制改革法案においては、上下両院で共和党が多数を支配していたという好条件も重なり、年末の12月22日に成立させることができた。これによって、35％の法人税は21％にまで引き下げられた。一方、個人の所得税率についても減税がなされたが、8年間の時限立法となっており期限が切れるのは2025年である。

このような経緯からも分かるように、トランプ大統領は支持層の拡大に、そもそも勤しんでいない。トランプ大統領を好まない有権者に対しては、自分も敵対していけばいいというスタイルだからである。これはトランプ大統領の支持率が、10ポイント以内の範囲での上下に留まり、大きな下落もなければ大きな上昇もないという理由だろう。

トランプ大統領は、政治の経験こそはなかったが、ビジネス界との繋がりはこれまでの大統領よりも深いことも、大きな特徴である。総じて、徹底的なプロ・ビジネス（経済活動重視）の立場を打ち出すことにおいては、支持者からも深い信頼を寄せられている。すでにオバマ政権時代から失業率は低く、それをさらに改善することは難しいという見方もされていたが、新型コロナウイルスの感染拡大によって経済が大きく落ち込むというタイミングまで、3年以上にわたって株価上昇と雇用の創出を継続したことは、トランプ大統領のプロ・ビジネスのスタンスを十分に説明できる要素だ。

そして経済が好調であれば、トランプ大統領に対する好き嫌いや、人格の問題点などは大目に見る有権者も実際に多い。

しかしそれも新型コロナウイルス拡大前までのことである。

新型コロナ対策で墓穴を掘った

経済的な功績は、トランプ大統領の再選を可能にする最大の要素であった。しかしながら、コロナ禍の現在はその状況が一変してしまった。

もっとも、新型コロナウイルスの発生は、トランプ大統領がもたらしたものではない。当然ながら大統領は自分に責任の所在が問われないようにするため、「中国ウイルス」と呼び、物議をかもすこともあった。それでも当初は、国家の非常事態において、国民の支持が一定程度上昇する経験をしている。

トランプ大統領の対応は、当初非常に甘いものだった。2月頃の発言ではウイルスは完全に押さえ込んでいるし、春になれば自然消滅するだろう、という趣旨の楽観的な発言を続けていた。しかしながら3月も半ばに入り、自らを戦時の大統領と称して、ウイルスに戦いを挑む姿勢に転じた。

それが功を奏したのか、トランプ大統領が3月13日に国家非常事態宣言を発してから同月末に向けて、支持率が上向いたのである。大統領にとっては就任以来最高の数字となり、それは調査会社にもよるが49％、場合によっては50％にまで上昇する結果が出始めた。ABC・イプソス社の共同調査では55％が大統領のコロナ対応を支持し、不支持の43％を上回るという結果も発表された。

これは、国家非常事態宣言と軌を一にして毎日記者会見を開き、それが2時間にも及ぶ場合もあったし、長々と質疑応答に取り組む姿が全米に報道されたことに起因する。選挙の年であるにもかかわらず、大統領が得意とする大規模集会を開くことができない状況において、一種の選挙キャンペーン活動とも捉えることができたため、トランプ大統領はこれを精力的にこなした。ただし、ほどなくしてしゃべり過ぎがもとでメッキがはがれ始めていくのである。

たとえば消毒液を飲むのも良いことではないかとか、抗マラリア薬であるヒドロキシクロロキンという薬を予防として自ら服用しているとか、専門家でなくても不安になりそうな言葉が続々と発せられたのである。特にこのマラリア薬は副作用もあり、新型コロナウイルスに対する効果の程は必ずしも医学的に証明されていない。こうしたことが重なり、国民が危機に直面するにあたり、その指導者としての適格性を疑われるような雰囲気も出てきた。その頃から、トランプ大統領の記者会見は短くなり始め、マスク着用に関しても、まだ積極的な行動を見せることはなかった。

本来、国家的な危機の中で一致団結するのはアメリカ人の特徴の1つである。1961年4月のピッグス湾事件が起こった時は、ケネディ大統領の支持率が大きく上昇し、就任1年目の最高水準だったとされる。この事件は亡命キューバ人をキューバに侵攻させ、カストロ体制を転覆しようとした試みで、結果的に完全に失敗に終わったのに、それでも大統領の支持率が上昇したわけであるから、アメリカ人の危機下でのメンタリティーを物語る例として見逃せない一件であるといえる。また、ブッシュ（父）大統領の場合は、湾岸戦争の停戦協定が結ばれた1991年2月28日から3月3日の調査で、支持率89％を記録した。そして息子のブッシュ大統領の時は、2001年9月11日の同時多発テロ後に大統領の支持率が90％にまで急上昇し、イラク戦争時は約70％であった。これらの過去の事例に比べると、戦時の大統領としてのトランプ氏支持率は、かなり伸び悩んでいるといえよう。コロナ対策で中国からの入国規制は早かったものの、その後は大統領の楽観的見通しが感染症対策を遅らせた事実は否めないからだ。

それでも、巨額の財政措置が可能なアメリカは、次々と緊急経済対策を打ち出し、株式市場はそれを大いに好感した。対策の第1弾ではワクチン開発に充てる緊急補正予算（83億ドル）を組み、第2弾で失業給付を拡充（1040億ドル）し、第3弾ではGDP（国内総生産）の10％分を超す2・2兆ドル（230兆円）に上る史上最大の財政出動が行われている。また非常事態宣言によって、各州や自治体が緊急対応のための資金にアクセスできるようにした。学生ローンの利払い免除や原油の買い増しといった対策も打ち出した。さらにウイルス検査能力を向上させるために、官民の協力体制も指示した。国防生産法も適用して、自動車大手ゼネラル・モーターズには、不足する人工呼吸器の製造なども命じている。

しかし、コロナウイルスの感染力の強さ、そして無症状者が感染を広げてしまうという特性もあって、このコロナとの戦争はなかなかトランプ大統領が願う方向には進まなかった。6月16日にはペンス副大統領（コロナ対策本部長）が、コロナウイルスの第2波はない、と宣言した舌の根も乾かぬうちに、経済再開を急いだテキサス州、フロリダ州、アリゾナ州などへと感染が急拡大していった。南部に位置するこれらの州は、共和党優位の支持基盤でもある。感染拡大の第1波においては、ニューヨーク州、イリノイ州、カリフォルニア州など、都会かつ民主党の強い地域で新型コロナウイルスが猛威を振るっていたが、状況は一変した。

経済活動を再開するにあたっては、検査や患者隔離の他に、マスクやソーシャルディスタンスなどが求められる。しかしながら、マスクはアメリカで政治論争に発展してしまった。トランプ大統領の支持基盤である保守派は、政府に強制されることを嫌う体質もあり、マスク着用の義務に反発する。逆に民主党の支持者は、トランプ大統領を非難するための手段として、大統領がマスク着用によって範を示さないことを糾弾する。トランプ支持者にとってマスクをしないことが政治的立ち位置の証明であるかのような状況まで生んでしまった。ウイルスの拡大がトランプ大統領の選挙にとって重要な南部にまで及んだことによって、今はとうとう大統領本人も渋々とマスクの有効性を認める発言を行うようになっている。

経済が止まれば、トランプ大統領が望むような景気のV字回復はとても望めない。しかし感染拡大が深刻化してしまえば、有権者の健康と地域の医療体制の危機に直面することになる。それは巡り巡ってさらなる景気の落ち込みに繋がる。このような悪循環を断ち切ることは、これまでのトランプ大統領のアプローチだけでは難しいといえそうだ。国民の安心という意味でも、意見の違う専門家の助言にも耳を傾ける姿勢を見せ、慢心を避けた丁寧な説明とリーダーシップが大統領には何よりも求められていたはずだ。

世界的景気減速でも専門家の意見に耳を貸さない

世界的に景気が減速するのは、新型コロナウイルスとの関係において、避けようがない。たしかにトランプ大統領は、経済活動の封鎖に当初踏み込みすぎて経済へのダメージを大きくした。しかしながら、その前の政策は決して悪いものではなく、トランプ氏の失敗は、ひとえに新型コロナウイルス対応の失敗ということになる。

失敗の最大の原因はトランプ氏の慢心と油断という指摘が多い。それが、ウイルス対応の遅れにつながったというのである。しかし多くの国民は、コロナ禍以後の経済のV字回復を望んでいる。大統領選挙では、誰がそれを実現できる可能性があるかを吟味しなければならなくなる。

トランプ大統領は、身の周りにイエスマン、あるいは、大統領との距離感を的確に測れる人が生き残って大統領を支える構図となっている。あくまでも大統領がトップダウンでものごとを決定しており、側近政治というよりもトランプ政治である。特に経済はトランプ大統領の得意分野であるがゆえに、本人にスタイルの変更を求めるのは極度に困難だろう。これは新型コロナウイルス対応で専門家の声に耳を傾けるふりをすることの比ではないほどに、ハードルが高い。

今後、選挙戦略としてトランプ大統領が重きを置くであろうと考えられるのは、自身が再選すれば株価の上昇は続き経済の大きな回復を成し得るという青写真を、徹底的に有権者に信じ込ませることだ。また、もしバイデン氏が当選すれば、直後から株価は下落し経済の回復はない、と宣伝するであろう。これは合理的な戦略であり、おそらくトランプ陣営は、バイデン氏の経済政策を選挙の当日まで、徹底的に叩くことになると思われる。もっとも新型コロナが猛威を振るい、アメリカの実体経済がガタガタであるにもかかわらず、株価が元値に戻したのは中央銀行（ＦＲＢ）が金融緩和を行い、市中にマネーがだぶつき、行き場をなくしたマネーが株式市場に向かっているからに過ぎない。仮にトランプ氏が続投しても、財政破綻への警戒や投資家心理の変化で、いずれ株価の大暴落が起きないとは言い切れない。

民主党を取り込めなければレイムダックに陥る

共和党内からは、トランプ氏の支持率低下が、議会選に影響を及ぼすとの指摘も出ている。共和党は上院で多数を占めているが、4議席失えば少数派に転落する（ただし大統領が民主党だと3議席でアウト）。今年の改選は35議席（共和23、民主12）だ。しかし一般論でいえば、もし共和党の大統領が勝利を収めることのできる選挙展開になる場合は、上院は共和党が多数維持すると見られる。

しかし、もしも大統領が再選され、万が一、上院も現在の下院と同様に民主党に占められてしまうと、トランプ大統領は手も足も出ない状態になる。特に上院は、下院と違って、行政府長官や副長官などの大統領指名職の承認、全権大使の承認、条約の承認、そして最高裁判事の承認など、多くの重要な承認権限を有している。

2013年には、民主党が多数を占めていた上院で、大統領が指名する閣僚などの高官を承認する際、フィリバスター（議事妨害）を許さないという院内ルールの改正が単純過半数の賛成で決められた。それはオバマ大統領時代であり、勢力が拮抗する二大政党の議席バランスにおいて、フィリバスターを破るための5分の3議席の賛成を得ることが非常に難しく、常に党派を超えた調整と合意を必要とする状態が続いていたからである。そこで民主党が初めてフィリバスターのルールを一部取り払い、禁じ手（ニュークリアー・オプションと呼ばれ最終兵器とも訳される）を行使したといわれた。そしてトランプ大統領が誕生した2017年には、共和党側から意趣返しが行われた。今度は共和党が多数派となっていた上院で単純過半数の議決で院内ルールが改正され、最高裁判事の指名においてもフィリバスターを禁じるということになったのだ。こうした一連の動きは、両党の分断をさらに深め、大統領の指名人事が人質にとられるリスクを高めたと言っても過言ではない。

つまり、トランプ大統領が閣僚を指名しても、上院で民主党が多数の議席を占めてしまっていれば、その承認が人質に取られる可能性をはらむということである。行政府の人事差配が、民主党の承認マターになってしまうのは手痛い。すでに下院は民主党に抑えられており、2020年選挙でもこの勢力バランスは逆転しそうもないため、1期目の後半と同様に予算編成などでは特に、大統領も共和党もなかなか思い通りの政策を実行することはできなくなってしまうだろう。

そこでトランプ大統領がとることができる手段は、自分が共和党の大統領であることを忘れ（実際に共和党の主流派とは違う大統領であり、財政規律にも無頓着であるため）、民主党と手を結べるような部分、たとえば財政規律を無視した大盤振る舞いなどで足並みをそろえる努力をすることになるだろう。普通の共和党の大統領であったならば決してできなさそうな芸当も、トランプ大統領なら行う可能性はある。

いずれにしても明確なことは、万が一、民主党が上下両院で多数を占めることになってしまえば、トランプ大統領には大統領令という不安定かつ限定的な権限が残されるだけであり、大きな仕事を成し遂げることができなくなってしまうだろう。発想の転換をし、民主党と協力しなければ、いわゆるグリッド・ロックというぶつかり合いによる膠着状態が続き、大統領はレイムダック（死に体）となり、立法に関することはほとんど思い通りにはいかず、人事についても民主党の協力がなければ、議会通過もできないという結果を招く。

新型コロナ前でも家計が悪化したと答えた層は、良くなった層の2倍近い

アメリカ株の指標であるS&P500種株価指数は、2016年の選挙でトランプ氏が当選して以来、58%の上昇を実現した。今年2月に過去最高値を更新したのだが、新型コロナウイルスの感染拡大を受けた結果、景気後退が始まった。その後、同指数は10%下落し、失業率は50年ぶりの低水準から4月には戦後最悪の14・7%に跳ね上がるという流れを辿った（8月の雇用統計では8・4%と改善しているものの、まだコロナ感染拡大前の3%台にはほど遠い高水準だ）。

コロナ禍の6月には、バンクレート・ドット・コムがユーガブに委託し、アメリカの成人1343人を対象に世論調査が行われている。その結果、パンデミック前の失業率は低かったものの、10年8カ月に及ぶ長期景気拡大の中で所得の伸びが訪れるのは遅かったとの傾向が見られたという。世論調査を依頼した会社のアナリストは、アメリカでは富のはしごを登るのは一段と難しくなっているという分析結果を出した。

トランプ大統領の経済政策運営については、回答者の約42%が否定的に評価した一方、

大統領の仕事ぶりが良い、もしくは極めて良いとの回答は35％だった。トランプ政権が2017年1月に発足してから家計が豊かになったと考えているアメリカの消費者は6分の1にも満たなかったという点は、経済指標と比較するとむしろ驚きである。家計が悪化したとの回答は、良くなったとの回答の2倍近くに達していた。その一方で、調査対象者の約半数に当たる45％は、家計の状況はほとんど変わっていないと回答した。

新型コロナウイルス感染問題は、こうした回答の一因となってはいるようだが、アメリカ経済に感染拡大の影響が広がる前の時点でさえ、5人に3人が家計に改善は見られなかったと回答している。つまり、裕福になったのは富裕層のみだったのではないか、という声も上がり始めている模様だ。

その証拠に、トランプ大統領を誕生させた接戦州のラストベルト地域では、失業率が高止まりしているというデータも発表されている。2020年5月の州別統計であるが、製造業が集まる地域のミシガン州が21・2％と、全米平均の13・3％よりも7・9ポイント高くなった。製造業の雇用者数は前年から24％（15万人）減少し、新型コロナウイルスの危機及び米中貿易戦争が拍車をかけたようだ。同じくラストベルトのオハイオ州も失業率が13・7％に上り、全国平均より高い数値を示している。

フロリダ州などでも雇用悪化が見られる。もちろん新型コロナウイルスの影響によって全国的に雇用の悪化が見られているのだが、大統領選挙の激戦州に悪化の傾向が強かった。アメリカの労働省が発表した50州別の雇用統計によると、ネバダ州が25・3％で最も失業率が高くなった。ここは常に大統領選挙で接戦が演じられる場所である。主要産業がラスベガスなどのカジノということもあり、特にレジャーや接客業の雇用が前年に比べ37％（13万人）減少していた。

大統領選挙激戦州のうちフロリダ、ミシガン、ペンシルベニア、ウィスコンシン、オハイオなどは、２０１６年のトランプ大統領のサプライズ勝利を演出した州である。この地域でトランプ氏は、中国製の製品に高い関税をかけることや、中南米からの移民を制限するなど、異色の政策を掲げることによって労働者層（民主党支持者が多かった）の票を奪った経緯がある。だからこそ、こうした地域の高い失業率は大統領選挙に直結する可能性が高い。８月の雇用では接戦州の回復が目立っている。

一方で巨額の政府補助金が流し込まれているうちは、失業者も農家もまだ不満の声を上げていない。普段の収入より、補助金の方が多いという人も6割以上になっている。コロナは財政支出による闘いでもある。

トランプ氏の緊急財政措置は財政赤字を増大させる

新型コロナウイルスのパンデミックに際し、米議会は超党派で立法に動き、前述したように超巨額の財政出動をやってのけた。

中小企業（従業員500人以下）を対象とした6600億ドル分の給与補償策（PPP）は12月末まで期限を延長したが、航空会社向けの2500億ドルの雇用維持策は9月末で期限が切れる。失業給付特別加算金（600ドル）は7月31日に切れた。そしてトランプ大統領は給与税減税および1200ドルを給付する追加の現金給付も推進したいと発言している。一方の民主党は、失業給付の特別加算を来年まで延長するよう求め、共和党はその減額を主張している。いずれの案も、莫大な財政出動を必要とする。

すでに新型コロナウイルス問題には、かつてない規模の経済対策で臨んでいる。政策面では、これまでのところ財政出動、減税、融資、助成金、補助金、その他の対策が、立法措置や行政措置、そして中央銀行の措置によって行われている。財政専門家を中心とした非営利団体（ＣＲＦＢ、Committee for a Responsible Federal Budget）の集計によると、アメリカ連邦準備制度理事会は６兆ドルの経済支援策を承認し約２・３兆ドルをすでに出費している。また、立法府では、３・６兆ドルの支援策を立法し、１・８兆ドルがすでに出費されている。そしてトランプ政権も４０００億ドルに上る支援を行政府予算の中からコミットし、約３０００億ドルがすでに出費された。

当然ながら、これらの緊急財政措置は財政赤字を増大させる。同じくＣＲＦＢの試算によれば、今年度の財政赤字は３・８兆ドル（ＧＤＰ比18・７％）となり、２０２１年度も２・１兆ドルに上るとされる。赤字額は前年の４倍にも達することとなり、ＧＤＰ比でみれば第２次世界大戦時並みの水準に達しつつある危機的な状況だ。アメリカ議会予算局（ＣＢＯ）によれば、アメリカ経済がコロナ危機前の水準に戻るのは時間を要し、おそらく２０２２年半ば頃になるだろうと予測する発表を行った。

どこまで財政出動を要する状況が続くかは、コロナ感染の拡大の程度次第だ。アメリカの感染者は８月の時点で累計６００万人弱、死者は18万人に迫っている。感染者の増加とともに飲食店などの営業も再びストップした。失業保険の総受給者数は、経済封鎖中に週690万件近いスピードで増えた。その後、回復傾向も見られたものの、景気を財政で永久に支えるのは限界があるということは、誰の目にも明らかだ。

またトランプ大統領が選挙公約でも掲げた貿易赤字の解消は、必ずしも即座に進むものでもない。アメリカの購買力が高い時は特に貿易赤字がかさむ傾向を示す。ただし、今回の新型コロナウイルス感染拡大と経済活動の停止が、今後どのような貿易収支として現れるかは注視が必要だろう。グローバル・バリュー・チェーンが複雑に絡み合う今日、国家単位で収支バランスを図ることが、非常に難しくなっている現実を、コロナが図らずして示す結果になるのかもしれない。

実効性が乏しい2兆ドルのインフラ投資

トランプ大統領は、給与税の減税を実現しようと働きかけ続けている。今回のコロナ禍においても、緊急財政対策の一環に組み入れようとしているところだ。しかしこれは社会保障に充てる基幹税でもあるため、その減税インパクトが大きすぎて、共和党内にも反対の声がある。給与税は、社会保障財源として雇用主と労働者が給与総額の6・2%をそれぞれ納める。その税収は年1・2兆ドルと大きく、全歳入の3分の1に相当する。オバマ前政権も金融危機後の景気対策として、同税率を2ポイント下げ、年収5万ドルの世帯に1000ドルの減税効果をもたらした。仮に給与税の税率をゼロにすれば、減税効果も財政出動の規模も極めて大きくなる。

さて、2兆ドルのインフラ投資は、2018年の中間選挙を前にトランプ大統領が口にした政策である。2016年の大統領選挙では1兆ドルという案も披露されていたが、どこまでが真水（実効性のある新たな財政支出）レベルかは明らかにされていない。民間企業の投資や政府機関による貸し付けも含まれるかもしれないからである。

そこで、2021年度のトランプ大統領の予算教書（議会に提出する行政府の予算リクエスト）を見てみると、期待を十分満たすようには見えない。予算教書では10年間にわたる1兆ドルのインフラ投資計画として説明されているのだが、ほとんどが既存の資金調達だ。2021年には、新しいインフラ建設のために、1回限り1900億ドルの資金調達を提案しているが、残りの1兆ドルは、現在の資金調達レベルの継続を反映しているだけだ。予算教書はまた、陸軍工兵隊などのインフラに資金を供給するさまざまな他のプログラムの削減を提案している。ということで、トランプ大統領の予算教書によれば、インフラ投資のための資金調達は、かなり控えめということになる。

弱者切り捨て政策により、不安定化は避けられない

先述した白人警官の暴行によって命を落とした黒人男性の事件をきっかけに始まった人種差別デモにみられるように、貧富の差、不公平さ、差別など、アメリカ国内の多くの分断も浮かび上がっている。これらは、富の再分配機能を政府が十分に担えていないことの裏返しであり、アメリカが主導してきた自由主義経済の負の部分ともいえる。また新型コロナウイルスの感染拡大で明らかになったことの1つに、エッセンシャルワーカーとしてパンデミックの最中にも働かねばならない層にこそ、リスクと貧困がつきまとうことが、実際の死亡率やコロナ感染率として数字に表れた。コロナ禍がアメリカ社会にかねてから潜んでいた分断を表出させたともいえる。

政府の再分配機能については、民主党と共和党が政策論争を行う上で、もっとも対立の

激しくなる部分である。そこで、２０２１年の大統領予算教書について、再配分を主張する非営利団体の「予算と政策の優先順位に関するセンター」（ＣＢＰＰ、The Center on Budget and Policy Priorities）がどのようなコメントを発表しているか見てみよう。

ＣＢＰＰによれば、予算教書は何百万人もの人々から健康保険を奪うような予算リクエストとなっており、収入を得るのに苦労している家族や個人への援助削減につながることが明らかだと指摘する。トランプ氏の予算リクエストでは、アメリカの不平等と人種間の格差をさらに広げるというのだ。高所得納税者を含む個人に対する２０１７年の税法は、歳入減となる減税を延長するだけでなく、低所得家庭向けの基本的な援助を大幅に削減し、その他の非防衛関連プログラムも削減する意図があると訴える。

さらに、トランプ大統領の２０２１年度予算について、医療や幼稚園など地方政府が提供するサービスについても、連邦政府からの十分な助成金が得られなくなると指摘する。連邦政府の助成金は、全国平均で州予算の約30％、一部の州では40％に上るケースもあるとされる。大統領の予算削減によって貧困層の健康保険であるメディケイドを大幅に削減することにつながり、さらには学校、育児、住宅支援など、重要な補助金が削減されることになると批判する。

またかつてフードスタンプといわれたアメリカの補足栄養補助プログラム（SNAP）が今後10年間で約30％削減されることについても危惧の声が上げている。トランプ大統領の予算教書中には、数々の高齢者支援プログラムが予算削減の対象となっており、富裕層や収益性の高い企業には利益をもたらすものの、一般の高齢者にとっては厳しい現状が突きつけられるという。また、社会保障傷害保険や所得補償保険、メディケイド、食料援助、住宅バウチャーも大幅に削減することが意図されており、障がいを持つ人々の打撃が大きいと訴える。加えて、予算教書は、住宅支援やコミュニティ開発援助を15・2％削減することになっており、これはホームレスや住宅に関する問題を深刻化させる懸念があると指摘する。貧しい家族のための一時的な支援（TANF）プログラムについても、10年間で210億ドルの削減が提案されており、経済苦境の際に州に対して追加資金を提供するための緊急資金プログラムも終了が意図されていることを警告した。

このように、トランプ大統領の予算教書を見るだけで、社会の分断や貧富の差に注目するリベラルな非営利組織もあれば、財政均衡が優先されるべきだという財政的モラルを訴える団体もアメリカには存在する。こうしたあらゆる主張が二大政党を通じて政策や立法に反映され吸収されるプロセスを歩むことになる。

アメリカでは、憲法によって予算編成権限が議会に与えられているため、下院で共和党が多数を失った2019年以来、予算教書も決定的な意味はもたなくなっている。トランプ大統領が何をリクエストしても、民主党勢力に却下されるだけだからである。したがって、2021年度予算教書は特に、絵に描いた餅であることは否めない。しかしながら、政府の公式文書でもあり、トランプ政権が目指すベクトルが示されたものとして、アメリカ社会の方向性を占う貴重な資料ということもできよう。トランプ政権が継続した場合は、2020年選挙で議会の議席がどのような結果を生むかにもよるが、おそらく2021年度予算教書と同じ方向性が示されることになるだろう。

第2章

バイデン政権でも悪化するアメリカ政治の分断

過去に予想を的中させた2人の学者の分析によれば互角の勝負

戦後の大統領選挙を振り返ると、2期目の選挙で落選した現職大統領は2人しかいない。1980年のカーター大統領と、1992年のブッシュ（父）大統領だ。ちなみに、フォード大統領は、辞任したニクソン大統領の後継だったので、初めての選挙で落選したと数えられる。2回目の選挙で負けた2人の大統領の共通点は、その当時のアメリカ国内が国民にとって堪えがたいまでの不況だったこと。たいていアメリカ国民は、4年間では政権の実績を判断するには短すぎるという感覚がある。さらに再選を目指す大統領はメディアの露出も多く知名度は抜群で、業績を評価されるいわゆる「現職ボーナス」が付く。よほど現状を変更しなければならない理由（たとえば不況など）がない限り、現職の大統領はその地位を活用し、スムーズに党をまとめ上げて2期目に勝利する場合が多いのである。

しかし今年は、100年に1度と言われるパンデミックの新型コロナウイルスと不況による雇用の悪化に、アメリカは苦しむ羽目に陥った。コロナ禍での大統領選挙は、異例ずくめだ。通常の党大会も開けないし、大集会で有権者の熱量を高めることも叶わない。投票行動も、投票所に足を運ぶのか郵送で送るのかに変化が生じる。さらにデジタル時代にあって国内外のさまざまな勢力が、前代未聞の新しい要素を投入してくる。たとえばトランプ大統領が6月にオクラホマ州で開催した選挙集会では、偽の出席登録をした者が続出し、会場を空席だらけにした事件もあった。そして何より、このパンデミックはどれくらい続くのか、なかなか読むことができない。

選挙結果を予測する方法はさまざまある。世論調査はもとより、有権者の熱量を基準にするもの、あるいは特定の課題について検証し、現職が選ばれるかどうかを測るもの等である。世論調査は接戦州の分析などにも有用だが、多くの報道で既に紹介されているので、ここではトランプ大統領の当選も含め、過去に予想を的中させた2人の学者による手法を紹介してみよう。

まず、ニューヨーク州立大学のヘルムート・ノーポス教授は、1912年以降の27回の大統領選挙で25回の結果を正確に予言することができたという。その手法が「支持者の熱意」を重視して予測を立てるというものである。ノーポス教授は、候補者を絞りこむ際、政党内の予備選挙で圧勝すればするほど支持者の熱意が高いとみなす。バイデン氏は2月にはじまった予備選挙で最初は苦戦が続き、撤退も時間の問題と噂されるまでになっていた。予備選最初のアイオワ州やニューハンプシャー州で振るわず、4戦目になってからようやく初勝利した。一方でトランプ氏は当初から何の問題もなく指名候補が確実とされた。ノーポス教授の予測に従えば、トランプ氏が再選される確率は91％にも上る。

別の予測方法もある。アメリカン大学のアラン・リクトマン教授は、1980年の研究で選挙の結果を予測するモデルを構築した。アメリカの120年間に及ぶ選挙の歴史を分析したもので、実際に過去40年間それを適用したところ、1984年のレーガン大統領の当選から2016年のトランプ大統領に至るまで、2008年の選挙を除き、全て正しい当選者を予測できたという。リクトマン教授のモデルは13の質問に○か×かの二者択一で回答し、6以上の質問で「×」が出ると、現職大統領は失職することになるというものだ。

13の質問とリクトマン教授の答えは以下の通りだ。

1、大統領の政党は中間選挙で議席が増した　↓　×（共和党は下院で少数派に転落）

2、大統領は政党内予備選挙で有力な挑戦者がいなかった　↓　○

3、現職大統領が再選を目指す選挙　↓　○

4、第三政党から有力な候補が出ていない　↓　○（今回は2大政党の戦い）
5、短期的に見て好景気である（今期）　↓　×（コロナで大不況）
6、長期的に見て好景気である（前任大統領の過去8年の景気より現職の4年間の方が好景気だ）　↓　×（コロナで大不況）
7、現職大統領は政策面で大きな変革をもたらした　↓　○（大きな法人減税が成功したのみならず、多くの大統領令でオバマ政権の政策をことごとく反転させた）
8、4年の任期中に大きな社会的混乱や騒乱がなかった　↓　×（黒人人権デモなど大きな騒乱があった）
9、スキャンダルが出てこなかった　↓　×（ロシア疑惑、ウクライナ疑惑、女性スキャンダルなど）
10、海外で大きな外交あるいは軍事的な失敗がなかった　↓　○
11、外交・安保政策で大きな成功を成し遂げた　↓　×（大きな失敗もなければ成功も収めていない）
12、現職大統領の候補はカリスマ性がある　↓　×（ショーマンとしてのアピール力はあるが、

狭い範囲の岩盤支持層にしか受けないため）

13、挑戦者の候補はカリスマ性がない　↓　○（バイデン氏は常識的でまともな人だがカリスマ性はない）

このリクトマン教授の分析に従えば、トランプ大統領は×が6個となり、落選ということになる。

命運を握る郵便投票

しかしながら筆者からすると、今回の大統領選挙は13の項目では足りないように感じられる。それは特に郵便投票の影響だ。コロナ禍のため、事実、8月の時点で9つの州と首都ワシントンで原則郵便投票となり自動的に投票用紙が届く。他の州でも有権者の元に郵送で連絡があり、郵便投票に登録する申請書が送られ始めたところもある。トランプ大統領は郵便投票が不正を招くとして早々に反対を表明。不法移民や外国勢力の不正な介入と郵便システムの混乱を指摘する。しかし本音は、投票率上昇への警戒だ。

郵便投票は若年層の投票率を8ポイント、無党派層を12ポイント上げることがスタンフォード大学など3大学の教授による調査によって明らかになっている。若年層は民主党に投票する傾向が強く、前回の中間選挙の出口調査では29歳以下が67％と32％の差で圧倒的に民主党候補に票を投じている。30歳から40歳という年齢層でも58％と39％の差で民主党候補が選ばれていた。8月のモンマス大学の調査では、民主党支持層の72％が郵便で投票すると回答し、共和党支持者の22％を大幅に上回った。マスク論争と同様の政治化と分断だ。さらに郵政公社総裁は共和党大口献金者のルイス・デジョイ氏（6月に指名）で、公社の赤字体質改善のため業務縮小を進め、下院が議決した250億ドルの公社支援も大統領と共和党が受け入れていない（9月初旬時点）。

ただし、郵便投票は民主党に有利とも言い切れない。民主党票が郵便票に代わるとすると、署名の的確さが大きな問題として浮上する。署名が本人のものであるかどうかを見分けるのは「機械」である。そして投票者の署名が本人のものでない可能性があると機械が判断した場合、その知らせが投票者に届くことになる。それが届いたら有権者は署名が自分のものであると連絡しなければならない。これは結構な労力が必要になるため、共和党有権者の方がこれを行う確率が高く、民主党有権者の方がどちらかというと放置してしまうという予測もある。

　他にも郵送投票がもたらす問題点は残る。選挙分析で有名なクック・ポリティカル・レポートの分析者デーブ・ワッサーマン氏によれば、たとえばウィスコンシン州では、郵送での投票を希望した９０００人に投票用紙が届かなかったり、２万３０００人の不在者投票（投票の２％以上にあたる）が受付されなかったという。またケンタッキー州で２番目に大きいファイエット郡では、不在者投票の８％が廃棄されたこともあったそうだ。ニューヨーク市の一部でも、不在者投票の20％に再確認の必要性が生じたという。

　２０２０年６月23日にニューヨーク州で行われた下院議員の補欠選挙では、共和党のクリス・ジェイコブ氏が民主党のネイト・マッカーレイ氏を破った。６月であったためコロナの影響で郵便投票が多く、投票日の当日は40ポイントの差で共和党側が勝っていたのだが、３週間後に郵便投票結果が加わると、その差は5ポイントに縮まっていた。このことからも分かるように、郵便投票が増えれば結果が分かるタイミングもずっと遅くなる。投票日には共和党支援者がより多く投票所に足を運ぶ可能性が高く、選挙当日はトランプ大統領の票の勢いがテレビで全国に配信され、勝利宣言をしてしまうかもしれない。それから何週間も経ってから、もし郵便投票で結果が逆転してしまうと、トランプ氏はバイデン氏に入った票は不正であると主張することになろう。この布石がトランプ大統領の郵便投票反対運動であり、接戦の事態に備えている。

他に、リクトマン教授の13項目にカバーされていない点を挙げるとすれば、4項目めの第三政党についてだ。実は黒人ラッパーのカニエ・ウェスト氏が二大政党以外から立候補している。強力な支援者には、妻でテレビスターのキム・カーダシアン氏や、米テスラCEOのイーロン・マスク氏がいる。2人のツイッターのフォロワー数はトランプ大統領の倍の1億3000万人だ。つまり、リクトマン教授が考えるような純粋な2人だけの候補の対決ともいえないのである。ウェスト氏が黒人であることから、バイデン氏に不利だという声もあるが、実はそうとも言い切れない。8月時点の世論調査では、民主党支持者のうちウェスト氏に好感を持っているのは12％だが、共和党支持者の間では35％が好感を持つと回答している。必ずしも投票先になるというわけではないが、もしかしたらトランプ氏に投じられるはずの反エリート票がわずかなりともウェスト氏に向かうかもしれない。

ここに紹介した2つの分析方法をはじめとして、世論調査以外の選挙予測方法に関心が高くなるのは、2016年の選挙でクリントン氏が世論調査で常に10ポイント以上の差で勝っていたのに、トランプ氏が勝利するという結果を経験したせいでもある。2020年の選挙も、常にバイデン氏の支持率が高いのだが、世論調査だけで選挙結果を予測することはもはや難しいと誰もが知ってしまった。

さて、世論調査に頼らないで選挙結果を予測するということの2人の分析には、1つ共通項がある。それは、党内の予備選挙を考慮に入れているところである。

トランプ氏は現職大統領なので、予備選挙に大きな問題はなかった。しかしバイデン氏の予備選挙勝利は、さまざまなアメリカ政治の側面をにじませるものとなった。コロナ禍のせいでバーニー・サンダース上院議員が4月早々に撤退を表明したが、それがなかったら民主党は2016年のように長期間にわたって党が分断されていた可能性さえ残る。

バイデン氏の予備選当初の苦戦はすでに述べたとおりだ。予備選最初の2月3日のアイオワ州で4位、2月11日のニューハンプシャー州では5位、2月22日のネバダ州も2位。トップを走るサンダース氏の獲得代議員数が24人に比べ、バイデン氏はたったの9人という惨状だった。バイデン陣営に献金する人さえ減り、選挙資金のランキングは残った候補者の中でも下から数えた方が早かった。

バイデン氏に起きた奇跡と「インサイダー」という鬼門

しかし2月29日のサウスカロライナ州の予備選で奇跡が起こる。筆者がちょうどワシントンに滞在中のことだった。投票日間近の26日に、同州選出の黒人有力下院議員であるジェームズ・クライバーン氏がバイデン支持を表明し、黒人票を一気にまとめたのだ。この州では黒人が人口の3割近くを占める。さらに予備選の出口調査によると、同州の投票者の10人に6人がクライバーン氏の支持表明に影響されたと回答している。この結果、トップランナーだったサンダース氏に30ポイント近い大差をつけてバイデン氏が勝利し、大復活劇を遂げた。1990年以降の予備選挙を見る限り、サウスカロライナ州を落としたまま民主党の指名を受けるのは、まず困難。この州の黒人票が民主党候補者指名に大きな影響を及ぼすという、民主党予備選挙の方程式に当てはまるものとなった。

民主党予備選で有権者が最も重要だとしたのが「トランプ大統領に勝てるか」という点だったことは、今年の選挙の最大の特色である。政策も人柄も二の次だと、民主党支持者たちは世論調査で回答している。つまり、勝てそうに見えるかどうかが変化するだけで、有権者の投票先も猫の目のようにくるくる変わる現象を生んだのである。サウスカロライナ州で「トランプに勝てそうだ」と見せる努力をしたのは、オバマ前大統領だったとされる。筆者の友人にオバマ氏と家族ぐるみの付き合いという親日家がいるが、オバマ氏は当初から中道派でなければトランプ氏に勝てないと主張し、サウスカロライナ州の予備選挙にも背後から影響を与えたらしい。さらにその後はピート・ブティジェッジ前インディアナ州サウスベンド市長やエイミー・クロブシャー上院議員が撤退、バイデン氏支持を表明する流れに、実は寄与していたという。

こうして黒人も中道派の白人層も、ともすれば中道的な共和党支持者にも受けそうなバイデン候補のイメージが伝わり、3月3日のスーパー・チューズデーでは、大圧勝となった。しかし、それはバイデン氏に熱狂的な支持が集まったというよりも、2016年の二の舞を避けたいがあまりに、一部の熱狂的な左派支持者を抑えて、結局のところ既存政治に最も近く、エスタブリッシュメント中のエスタブリッシュメントで、かつワシントン政治のインサイダーである候補者に落ち着いたのだった。

過去の大統領選を振り返ると、挑戦すべき野党の候補がワシントン政治のインサイダーを指名候補として予備選で選出するケースは結構多い。しかし図２－１に整理したように、２期目の選挙で敗北した大統領は、インサイダーに負けた例はないが、アウトサイダーの挑戦者には負けている。例外はレーガン政権の継続とみなされたブッシュ氏（父）であり、社会の現状路線維持を望む国民の意向が反映されたと考えられる。現職大統領に挑戦する場合、バイデン氏のようなインサイダー中のインサイダーが、現職大統領を下す例は近年にない。

図2-1 大統領候補者の分類と民意のムード

年	勝者	ワシントン政治（国政）のインサイダーか否か	敗者	ワシントン政治（国政）のインサイダーか否か	結果または原因としての民意のムード
2016	トランプ	**アウトサイダー 挑戦者**	H.クリントン	インサイダー（継続政党）	変革
2012	オバマ	インサイダー（現職）	ロムニー	アウトサイダー 挑戦者	現状維持
2008	オバマ	**アウトサイダー 挑戦者**	マケイン	インサイダー（継続政党）	変革
2004	ブッシュ	インサイダー（現職）	ケリー	インサイダー 挑戦者	現状維持
2000	ブッシュ	**アウトサイダー 挑戦者**	ゴア	インサイダー 挑戦者	変革
1996	B.クリントン	インサイダー（現職）	ドール	インサイダー 挑戦者	現状維持
1992	B.クリントン	**アウトサイダー 挑戦者**	**ブッシュ**	**インサイダー（現職）**	変革
1988	ブッシュ（父）	インサイダー（継続政党）	デュカキス	アウトサイダー 挑戦者	現状維持
1984	レーガン	インサイダー（現職）	モンデール	インサイダー 挑戦者	現状維持
1980	レーガン	**アウトサイダー 挑戦者**	**カーター**	**インサイダー（現職）**	変革
1976	カーター	**アウトサイダー 挑戦者**	フォード	**インサイダー（現職）**	変革

現職の大統領は、選挙前の実績を掲げて再選を目指すのだから、現状維持を主張する立場だ。再選が成功するということは、社会のムードが現状維持に傾いていたということにもなる。逆に野党候補者は、常に挑戦者だ。現状の変革を訴える以外に選択肢はない。近年の大統領選挙で州知事経験らワシントン政治のアウトサイダーが現職に挑戦して勝利してきたのは、そういうロジックが成り立つからだ。２０１６年のトランプ氏も、政治経験も軍隊経験もなかったアウトサイダーだったからこそ、有権者は既存の政治を変革できる人物だと確信できた。それを証明するかのようにトランプ氏は、有言実行を貫いている。

今年の民主党候補は、現職大統領に挑戦し現状変更を訴える立場だ。それを考慮するなら、指名候補はバイデン氏ではなく、アウトサイダーとして信憑性の高い候補を選ばねばならなかった。しかし野党側は、過去の例にもあるようにインサイダーのバイデン氏を選んだ。もしも、バイデン氏が今年の大統領選挙で勝てるシナリオがあるとすれば、本人の良し悪しではなく、社会全体のムードや民意がよほど現状変更を希求する状態になる以外はない。サンダース氏のように、古いワシントン政治とは相いれない民主社会主義者という候補だったならば変革の方向性が際立ち、それなりに熱狂が生まれる可能性はあったがインサイダーのバイデン氏に、熱狂は期待できない。

もしもパンデミックが発生せずに、アメリカの好景気が続いていたとしたら、トランプ大統領の2期目は、歴史的な勝利のパターンを見ても、勝利することが自然だった。今年はコロナ禍が例外だというなら、ワクチンや特効薬で景気が回復し始めれば、従来の歴史的パターンに戻るはずだ。しかしパンデミックと不況が長引けば、通常の勝敗パターンは崩れる可能性が生じる。挑戦者がインサイダーで熱狂なき候補者なのに2期目の現職を下すなら、歴史的にも極めて稀な大統領選挙と言わざるを得ない。

トランプ大統領は、40年以上ワシントン政治に浸かってきたバイデン氏と比較すると、現職とはいえ相対的にアウトサイダーの資質がある。トランプ氏はテレビ討論などで必ずや、バイデン氏のインサイダーとしての過去の経歴や失策を、容赦なく攻撃するであろう。これはまるで挑戦者と現状維持派が逆転するような珍光景となる。そして攻撃は、パンデミックのせいで景気や雇用、その他の政策実績に傷がついたトランプ大統領に残された数少ないカードだ。自らが4年前に使用した「アウトサイダー」の冠を再び被る珍しい選挙だ。現職がそれを試しても本来ならアウトサイダーの信憑性はもはやないのだが、たまたま挑戦者がバイデン氏というインサイダーかつエスタブリッシュメントであるが故に、トランプ氏の訴えが説得力をもつ可能性が出てくる。

バイデン政権が誕生すれば、保守層の反発は火を見るより明らか

これを民主主義のもろさと言うのだろうか、それとも強さと言うのだろうか。アメリカにはいたるところに分断の亀裂が見て取れる。もともと移民国家であるから、さまざまな背景や文化をもった人々が一つの国に身を寄せ合い、成文憲法の知恵の下に理想を掲げ、民主主義の理想を実験してきた国がアメリカである。その圧倒的な豊かさと成長の速度、そして人々の自由な発想は、世界の羨望を集めた。その一方でお節介な自信家の国としての振る舞いには眉を顰《ひそ》められる側面も多々あったし、紛争への介入などは爪痕も残した。

しかし国内的には戦後のアメリカ例外主義（American Exceptionalism）が国民に広く浸透している間、それなりに人々はまとまることができた。豊かなアメリカあってこその余裕と表裏一体だろう。どこか「上から目線」的でありながらも、一定の使命感や責任感をアメリカ国民の誇りとし、国民のコンセンサスを得ながら冷戦を戦い、国際機関をリードし、

さまざまな紛争にも介入して、国際秩序の構築に向け貢献する意識があった。

それが変化したのは、冷戦の終結、中東介入の失敗と石油輸入依存の終焉、そして中国の台頭という大きな時代の変化があっただけではない。国内において、経済のグローバリゼーションについていける者とそうでない者の間に格差が広がり、アメリカ国民として一体化した意識を持ちづらくなってきたことが、国民と政治の分断の一端を担っている。それはSNSなどのデジタル・ツールによってさらに増幅され、見たいものや聞きたいもの以外には耳を貸さない有権者を増やし、メディアにも分断を起こした。トランプ大統領はCNNをフェイクニュースと呼び、FOXニュースを好む。

「SNS時代は、予備選挙の制度を止めた方がいい」と言ったのは、アメリカの大学で教鞭を執る政治学者の友人だ。アメリカ式の予備選挙は日本の候補者選びにもと思っていた筆者は、それを聞いた時は違和感を持った。しかし、確かにたとえば保守的な有権者が多い党内で勝ち抜くには、中道やリベラル派では勝ち目が低くなる。SNSで知りたい情報だけ手に入れる有権者が増えると、保守派はより右へ、リベラル派はより左へとシフトして予備選を有利に戦う。それがジワジワと現れたのが、上院と下院の議員による投票行動だ。１９７０年代は党派を超えて考えが交わることが多かったが、２０１２年頃になると、どんどん分断されているのが図２－２でもよく分かる。アメリカの政治家も、国民の分断を反映し、より確実に距離が離れるタイプの人々が選出されるようになってきている。

　オバマ前大統領は、イラクとアフガニスタンの２つの戦争によるアメリカ人の疲弊とリーマンショック不況で分断を深めるアメリカにおいて「アメリカは世界の警察官ではない」と宣言し、イラク撤退に動いた。そして国内政策によって国民の格差をなくそうと医療保険改革（オバマケア）やリーマ

図2-2　二極分化が進むアメリカ議会

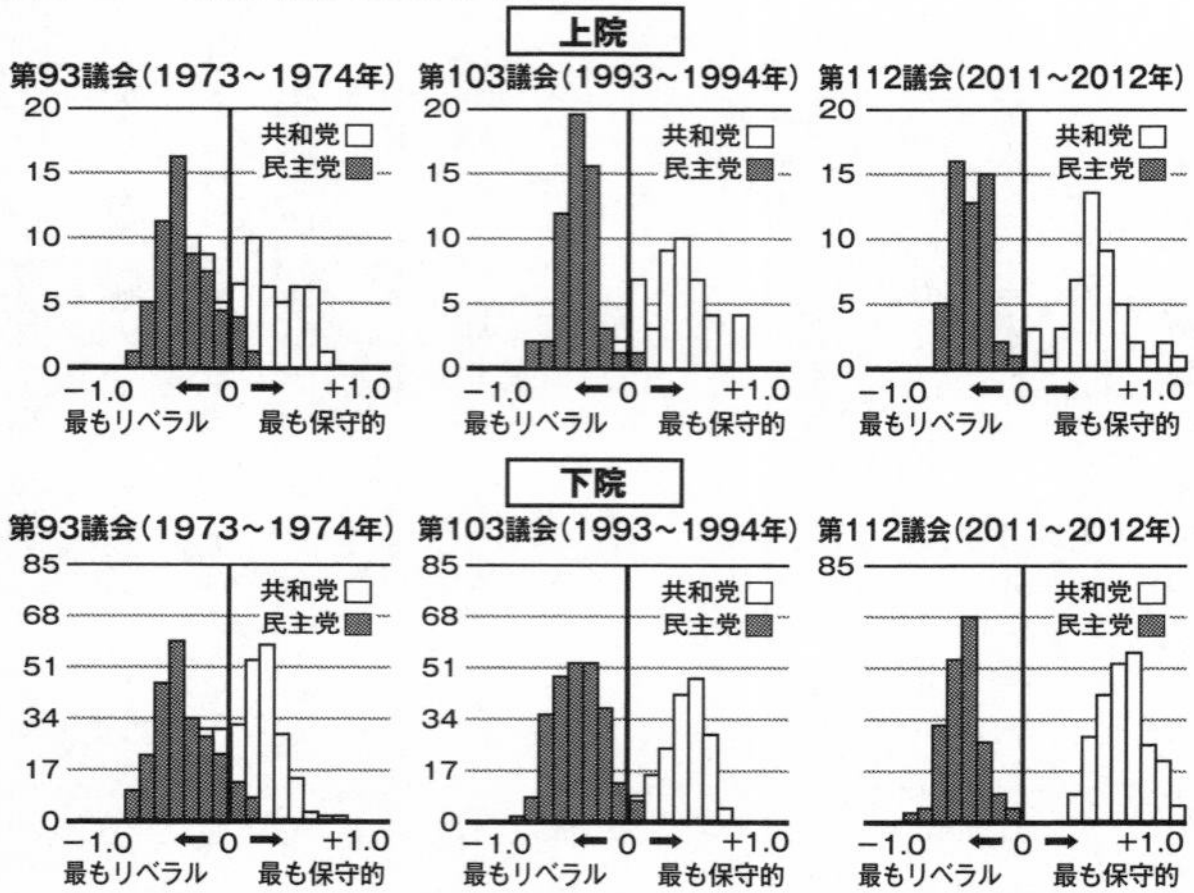

出典：ピュー・リサーチセンター。作図のデータは、2014年6月12日にVoteview.comに発表されたキャロル・ロイス、ジェフ・ルイス・ジェイムス・ロー、ノラン・マッカーシー、ハワード・ロゼンソール各氏の研究に基づく。

ンショックで傷ついた経済に対する大型景気刺激策、自動車産業などの救済、ウォール街規制、そしてLGBT問題や核廃絶の訴えなど、後にトランプ大統領によって一部または全て覆される政策を実現していく。他にもイラン核合意やパリ協定、キューバとの国交正常化やTPP協議などにも力を入れた。それが、オバマ時代に分断を深めることになっていく。特にオバマケアを成立させる時には、予算委員会が所轄する財政調整法の手段を用い、普段は上院でフィリバスターがあるため対立政党からも賛成者を必要とする立法プロセスを回避してしまったことは禍根を残した。言い換えれば、単純過半数で重要政策を押し切ってしまったことが、強引な手法でゴリ押しをしたオバマケアということになり、保守層の怒りは収まることがなかった。これは民主党にとり2010年中間選挙の大敗につながった。

オバマ大統領が当選した時、彼は党派を超えた国民統合の象徴として熱狂的な支持を集めたはずだった。国民を疲弊させた政策でも、アメリカ1強の覇権という地位を諦めることを認め、多極化した世界を前提としたアメリカ外交へ舵を切った。しかしアフガニスタンからの撤退はかなわず、国内の政策はリベラルと保守の戦いを激化させただけに終わった。保守層の草の根運動であるティーパーティー運動も、オバマ政権への反発が生んだものである。中間選挙で下院を失ったオバマ氏は、とうとう立法府で何も成立させることができなくなった。その後は、大統領令などを駆使してリベラルな自分の支持層にアピールする政策しか打ち出せなくなり、ますます保守層の怒りを買ったのである。

トランプ大統領は、初めから国民統合の象徴になる期待はされなかったし、本人にもそのつもりもなかった。とことん自身の支持層にだけアピールすることに徹した。その支持層に、もともと民主党支持だった白人労働者層を取り込み、共和党らしからぬ保護貿易政策を取り入れたことが、最大の目新しさであった。国際秩序のためのアメリカの役割の変化という意味では、トランプ政権になってからさらなる加速がついた。内政でも自らの支持者にしかアピールしようとしない姿勢は、リベラル層の怒りを招いている。こうした分断の連鎖は、今後もとどまるところをしらないのではないか。

もしバイデン政権が誕生し、オバマ政権に回帰するような政策を実行しようとするならば、保守層の反発は火を見るより明らかだ。その結果2022年中間選挙では、民主党の敗北を招くことになるだろう。ワシントン政治のインサイダーとして、また民主党主流派および中道派として、バイデン氏がどこまでアメリカ国民を統合できるのかは、アメリカ人の多くが豊かさを取り戻し、自信を取り戻す環境を整えられるのかという大きな課題にも依拠してこよう。そのような豊かで余裕のあるアメリカは、本当に取り戻せるのであろうか。

2020年7月31日には、黒人運動家で下院議員のジョン・ルイス氏の葬儀でオバマ前大統領が、上院のフィリバスターをなくそうと発言した。トランプ大統領も同じことを何度もツイートしている。しかしオバマケア成立の経緯を見ても分かるように、片方の政党だけで社会全体または多くの国民の人生と経済に影響が生じる法改正ができてしまうようになると、選挙のたびに多数派が入れ替わり、そのたびに制度が変わることにもなり兼ねない。恨みつらみも募ってさらなる分断国家になってしまう可能性を秘める。バイデン氏が勝利した場合には、大統領の対応次第で、社会の分断化がさらに進む事態も考えられる。

アメリカで顕在化する若者の脱資本主義

アメリカでは、党派間だけでなく、民主党も共和党もそれぞれ党内の不協和音を抱えている。どちらの政党も1つにまとまろうと必死になってはいるが、民主党側には超リベラルな民主社会主義のような運動が内包されているし、共和党側にはかつてのティーパーティー運動や宗教右派を内包している。

バイデン氏が大統領選挙に向けて率いる民主党は、現在こそ反トランプでまとまっているように見えるが、バイデン氏がどこまで彼らを投票行動へと駆り立て、そして政権を取った後にも皆を満足させるのは、非常にハードルの高い仕事と言わねばならない。

共和党が伝統的に地理的条件や信条などを軸に有権者を定義する傾向があるのに対し、民主党は人口統計的な要素（性別や人種、年収、居住）などを好む傾向がある。たとえば女性という社会の構成要素に、一定の意味を持たせ、共和党以上に女性というカテゴリーそのものに着目するのである。そして女性をひと塊のグループとして位置づけることで政策提言などに結びつけていく。これを「アイデンティティー・ポリティクス」とも称する。それを野放しにしておくと自分が属する集団の自己主張だけを拡大する政党事情となってしまい、団結の逆を向いてしまうのである。

2020年の選挙も、反トランプというスローガン以外には全体をまとめるための政策もかすみがちだ。自己主張をする集団として、黒人、人種、民族、世代、女性、LGBT、労働組合など、特定の利益について言いたい放題が過剰となりやすい環境がある。アイデンティティー・ポリティクスはアピールする手段として分かりやすいし、政治家もグループごとに扱えば、票の整理がしやすくなる。しかし、その安易さに安住することで、アメリカの分断は進行してきてしまっている。

そして民主党は今後、さらにリベラルに変質する可能性を秘めている。民主党支持者の中でも、特にZ世代と呼ばれる1997年以降に生まれた若いアメリカ人が政党の方向性に大きな影響を及ぼす可能性があるからだ。この世代は、人口の5分の1を占めており、人種も民族的背景も昔の世代に比べてはるかに多様だ。政策的な特徴としては教育格差の問題や気候変動、および社会保障、銃規制などに大きな関心を示し、SNSなどを駆使して社会運動やデモに参加する傾向も強い。アメリカを大国で世界の覇権国と捉えたかつての世代と違い、自国の未来には憂慮の気持ちを抱いている。アメリカは長期的には衰退していくから、上手に他国と協力もしなければいけないし、敵もつくるべきでないという思いが強いとされる。

2018年8月実施のギャラップ世論調査は、多くのアメリカ国民にある種の衝撃を与えた。民主党支持者に限って社会主義に対する支持を聞いた質問で、アメリカの世論調査史上初めての数字が弾き出されたからだ。これは57%が社会主義を好み、資本主義を好むのは47%という結果だった。民主党支持層の間に限られるとはいえ、社会主義の志向が資本主義の志向を上回ったことは驚きをもって迎えられた。また、若者の傾向に絞った同じギャラップの世論調査では、世代的な傾向が顕著だった。支持政党の区分なしで18~29歳の若者に同じ質問をしたところ、彼ら彼女らの45%しか資本主義を積極的に支持していなかったのだ。たとえば2010年の同様の調査では、近年最大の金融危機であるリーマンショックのダメージが残る頃であったにもかかわらず、同様の世代の若者は68%が資本主義を支持すると回答していた。この世代が民主党支持の傾向が強いことからも、民主党の将来を占う上で非常に重要な意味をもつ。

こうした環境が、サンダース上院議員支持の若年層の熱狂を生んだことは想像に難くない。今回はコロナ禍の拡大で4月8日に早めの撤退宣言をしたサンダース氏。2016年は最後の最後までクリントン候補と対決し、大いに民主党を分断した。当時サンダース氏は、オクラホマ州やネブラスカ州など、どちらかというと中道から保守に近いとされる州でも善戦し、民主党支持者の3分の1の票を獲得した。因みに、無党派層からの支持もクリントン氏の倍の数字だった。

ハーバード大学とユーガブの5万人を対象にした調査では、予備選挙でサンダース氏に票を投じた有権者が、2016年の本選挙では誰に入れたのかという追跡をしている。それによるとサンダース票の約74％はクリントン氏に流れ、クリントン支持者の2％は投票に行かなかった。サンダース票の残りの24％は、クリントン不支持だった。そして、その票の半分である12％は、何とトランプ氏への票となって流れ出たのである。民主党の予備選挙まで遡ってみると、サンダース氏が民主党票全体の43％余を獲得しており、民主党が1つにまとまれない状況をつくる原因にもなった。

サンダース氏とトランプ氏には、共通項がある。伝統的なワシントン政治には染まらないというアウトサイダー色だ。反エリート、反エスタブリッシュメント、そして大衆の怒りや悲しみを代弁する力なども（具体的政策やターゲット層は違うものの）大枠では共通している。したがって、トランプ氏のスローガンに共鳴したサンダース支持者たちの一部がいたとしても不思議ではない。

ニューハンプシャー州でタフツ大学が18歳から29歳の若者を対象に2018年予備選の出口調査を行ったところ、51％がサンダース氏に票を入れたという結果だった。3月22日から25日にかけてのABCニュース・ワシントンポストの世論調査によると、2020年の予備選でサンダース支持者だった人に聞いたところ、バイデン氏に積極的に投票すると明言したのはたったの9％だった。どちらかといえば投票すると答えた人も49％であり、熱狂的なサンダース票がバイデン票に自動的に移行されるという希望は持てない。バイデン氏が自ら能動的にアプローチすべき層が厚くあるということであり、本人が力いっぱい左にシフトしなければ得られない支持だということも見て取れる。

2020年6月26日から7月21日にかけて行われたCBSとユーガブの調査によると、トランプ氏を熱狂的に支持すると答えたのは68％、そしてバイデン氏を熱狂的に支持すると回答したのは、40％に止まった。熱狂的な支持者は、必ず投票にも行くことだろう。

USAトゥデイとサフォークの世論調査によれば、サンダース支持者の34％は、「国民皆保険や地球温暖化対策となるグリーン・ニューディール等の政策を掲げることは、トランプ大統領を敗北させること以上に大事だ」と答えている。このような民主党を一つにまとめるということは、まさに多様性との闘いでもあるのだ。2020年1月の世論調査では、民主党でサンダース氏以外の候補が指名された場合「党候補に投票する」と答えたサンダース支持者は53％しかいなかった。他の候補支持者の約8割から9割が党候補者を支持するとしたのに比べると、非常に少ない。この現象を放置すれば、「民主党が壊れてしまうのではないか」との懸念が党内にも根強くある。

国勢調査によれば、前回大統領選挙で投票した30歳以下の有権者は46・1％、そして共和党に投票しやすい退職後の高齢者の投票率は70％だった。選挙は投票に行ってもらわねば、支持率だけでは何にもならない。

「庶民派」「苦労人」バイデン氏のアキレス腱

トランプ氏とバイデン氏のそれぞれの支持者たちに、何故彼らを支持するのかをCBSとユーガブが7月に調査している。トランプ支持者の最大の理由はトランプ氏が好きだからというのが68％、そしてバイデン氏に対抗する候補だからというのが17％、共和党候補だからという理由が15%だった。それに比較してバイデン氏の方はというと、トランプ氏に対抗するためという理由が50%に達し、バイデン氏が好きだからというのが27%、そして民主党の候補だからというのが23%だった。バイデン氏は、個人としてはそれほどの熱量をもって支持されていないことが分かる。これは特に若い人々から見ると、いくらバイデン氏がサンダース氏やエリザベス・ウォーレン上院議員の主張するリベラルな政策を口で約束しても、本当に実行できる政治家とは思っていないという実態と関連があるようだ。要するに変革者としては信用されていないのである。

確かに変革者ではないのかもしれない。筆者が上院で約10年働いていた間に、何度もバイデン氏とは顔を合わせている。こちらは共和党であちらは民主党という大きな壁があったため、間近で話したことはないが、上院では自分のデスクに座っていても常にテレビ画面で本会議の様子が放映されているため、バイデン氏の本会議での演説は10年の間に何度聴いたか分からない。私からすると上院議員としてのオーラは十分あったが、目立つ上院議員ばかりの中では何となく普通の人だというのが印象だった。部下にも丁寧に耳を傾けるタイプと聞いていたし、良識的との噂だった。自分ひとりで勝手にいろいろなことを決めてしまったり、いきなりツイッターで人を解雇してしまったりするトランプ大統領とは、真逆のパーソナリティーかもしれない。

そうすると、決断には結構な時間がかかる可能性がある。副大統領候補となったカマラ・ハリス氏の発表も、早々にされるかと思いきや7月になり、それが8月第1週になり、さらに延びて8月第3週になったのは、人の意見等もあれこれ丁寧に聞いているからに思える。77歳と高齢のバイデン氏は、もし大統領に選出されれば就任時には78歳だ。だからこそ、副大統領候補の選出については慎重には慎重を期したようでもある。

2018年にモンタナ州で演説した時に、こんなやりとりがあった。

司会者「高齢や失言癖など、大丈夫なんですか?」

バイデン「私は失言が多い。しかし、真実を話さない男と比べるとなんて素晴らしい人間だろうか」

バイデン氏にはエリートのイメージはない。地に足の着いた庶民っぽさは実際に庶民の生まれだからだろう。白人労働者層からも支持が高い。黒人初のオバマ大統領を8年間支えた経歴からも、黒人からも支持がある。しかし、1988年と2008年にも大統領選挙に出馬して落選しているため、新鮮さに欠ける。

バイデン氏は外交に強いとの自負があり、サービス精神も旺盛だ。2013年末、筆者の友人が出席した日米カウンシルでバイデン氏が講演に来た。300人から400人いた聴衆を前に急にスピーチ原稿からそれてこんなことを言ったという。

「アジアの外交は全て日本経由にすべきだ」

聴衆は騒然となったようだが、バイデン氏本人は嬉しそうだったらしい。聴衆の3分の1が日本人、3分の1が日系アメリカ人、3分の1が他だったため、登壇してから聴衆のほとんどが日本人ではないかと思ったバイデン氏は、日本人を持ち上げる挨拶をしたかったのだ。このように、彼は原稿から脱線することが多いことでも知られている。

バイデン氏は、大変な苦労人でもある。共和党側の筆者の元上司は、よくバイデン氏の不遇な身の上について同情し、彼の通勤の様子に感心していたのを、今でも思い出す。

「バイデン上院議員はスゴイ人だね。電車通勤でワシントンまで自宅のウィルミントンから片道1時間半もかけて通勤しているんだからさ」

「ペンシルベニア州で生まれてカトリックの4人兄弟の長男だけれど、10歳の時に父親が事業に失敗してデラウェア州に引っ越したんだよね」

「子供の頃から20歳前半まで吃音で相当大変だったらしいけれど、20代で鏡の前で詩を朗読し克服したという猛烈な努力家だよ」

「上院議員初当選（1972年）は弱冠29歳。その直後に奥さんとお嬢さんを交通事故で亡くしたんだよね。バイデンは議員辞職をしようとしたけれど、周りに止められた。電車通勤は子育てのため。再婚は5年後」

その電車はアムトラックと呼ばれ、採算が悪く連邦議会が通過させる予算に補助金を盛り込むことにもバイデン氏は熱心にとりくんでいた。私が在籍していた共和党側の予算委員会でもそれに協力したことがあり、その時はコーヒーテーブルに乗りきらない程の巨大なケーキを予算委スタッフ全員のために届けてくれた。忘れられない思い出である。

「脳動脈瘤の手術を受けて命の危険に直面したこともあった。リハビリは7カ月続いたが生還。でも州司法長官になった自慢の46歳の長男が、脳腫瘍で亡くなってしまった。２０

16年の大統領選挙は、落胆のあまり出馬できなかった」

長男のボー・バイデン氏が亡くなった時、その話は議会の中で働く共和党側のスタッフの口にも上っていたし、多くの人が話題にしていたのを思い出す。

外交畑はたしかに長い。2001年からは外交委員会委員長も務めた。筆者は上院でバイデン氏の女性スキャンダルやセクハラなどの噂を聞いたことは全くない。2020年大統領選挙に立候補してから27年前のセクハラ等が告発されたりしたが、その後のコロナ禍からはその類いの話題は浮上していない。

次男は有名なハンター・バイデン氏だ。ウクライナ疑惑で知られるようになった。中国との関係も取りざたされている。バイデン氏の選挙でも家族の問題が候補者としてのアキレス腱になるかもしれない。2020年には、ハンター氏が上海にある未公開株投資会社の取締役を辞任した。ただ数百万ドルの関連資産を保有しているようだとの報道もある。トランプ氏はバイデン氏が副大統領当時、息子が数百万ドルを突然得たと指摘し攻撃する。ウクライナでも投資ファンドで50億ドルも取引をしたと糾弾。さらにトランプ氏は、中国の習近平国家主席に対しバイデン親子の調査を開始すべきだと主張した。トランプ氏によれば、中国がハンター氏に15億ドルも手渡したという。

高額な医療保険が払えず破産する貧しい国民たちの怨嗟

コロナ禍において、民主党の予備選挙でも大いに注目を集めたのが国民皆保険制度の導入だ。メディケア・フォー・オールと呼ばれ、高齢者が加入する公的健康保険を全国民に拡大しようという発想だ。特にサンダース上院議員やウォーレン上院議員が予備選挙でこれを提唱し、大きな政府という意味では民主社会主義的な政策の一つとされた。バイデン氏は予備選挙中もこれには与せず、オバマケアを充実させていくことを約束し、中道派らしい立ち位置を示した。

その後、パンデミックは全米に拡大した。アメリカの感染者数と死者数が世界で最も多いのは、医療コストが高額過ぎるため普段から健康管理をしたり医師に診てもらったりする機会を逸していることも一因ではないかという声も聞かれる。以下はアメリカに住む元州政府職員から来たメールの一部だ。

「血液の感染症にかかり、今月の医療費72万6000ドルという請求書が来た。それに加えて隣りの州までの救急空輸に4万8000ドル。でも州政府職員の退職後の保険に入っているから6750ドルの支払いであとは保険が払ってくれる。毎月の保険料は833ドル。保険料が高すぎて無保険のアメリカ人が多いし、世界で一番高い医療費をアメリカ人は払っているのに、議会は何もしない！　雇用者が保険を提供しない場合も多いので、病院に行って破産する人もいる。ただ、65歳になればメディケアに入れるから毎月300ドルの保険料に下がるけど。この制度を全国民に早く広げるべきだ」

実際に医療費の負担を経験してみた者でないと分からない実感がこもっていた。

オバマケアは、国民に保険加入を義務付けて、加入者の分母を広げることで健康のリスクを分散させようとした。この義務付けを嫌う国民も多く、既往症のある人も加入して医療費を使うため、すでに保険に加入していた人たちの保険料が上がる現象が起こった。民間保険のため、低所得や中所得の層には補助金も用意するというのがオバマケアだったが、持病のある人を断れない保険会社は費用を加入者に転嫁した。バイデン陣営の説明によると、このオバマケアが導入される前には無保険者が4400万人いたが、2016年には2700万人にまで減ったのだという。ところがトランプ政権になってから、保険未加入者に対する罰則規定が２０１７年に撤廃されたため、無保険者は１４０万人分も増えたと指摘する。２０１８年の統計では、無保険者は約３０００万人とされる。

　そこでバイデン氏の対応策としては、公的保険の対象者を拡大するようにして、中所得層には民間保険料の税額控除を増額し、国民の側の医療負担を減らしたい考えだ。サンダース氏らのメディケア・フォー・オールはそのままは採用しないと明言しつつも、政府が管理運営する医療保険を選択のオプションとして創設するという。この保険は所得水準に応じて政府補助を支給して、低所得者には無料で提供するとしている。また、メディケア受益年齢を現在の65歳から60歳に引き下げて、さらに歯科、眼科、耳鼻科も受診できるようにし、新型コロナウイルス関連の医療費も国家負担にするよう検討するという。

　その他、オバマケアの改良点はいくらでもある。たとえば、医療保険取引所で保険に加入できる期間が11月から12月に限られてしまっている欠点を直すことだ。タイミングを逃すと次の年の期間まで加入はかなわない。これを途中からでも加入できるようにしなければ、未保険者の減少を図れないだろう。またアメリカの健康保険は雇用主が提供するので、失業してしまうと健康保険もなくなってしまう人が多い。コロナ禍で失業が増えることは、健康保険問題に直結している。

パンデミックをアメリカ国民が身をもって経験した結果、もしもバイデン大統領が誕生すれば、もしかしたら手厚い公的保険に賛意を表す人が増える可能性は十分ある。トランプ大統領と共和党は、個人の自由を奪う保険加入義務は憲法違反だという立場を採っているし、共和党の州知事からは制度廃止を求める裁判も起こされている。有権者には、大きな政府を好まない人も結構多い。しかし、コロナによる雇用不安、高額過ぎる医療費、健康危機に直面する国民が多くなればなるほど、問題の共有をし易くなることも事実だろう。バイデン氏や民主党のリベラル派には、またとない好機といえるかもしれない。ただし選挙に勝つことが大前提だ。

また、アメリカで制度の充実を可能にするには、大統領が民主党になるだけでは、不十分である。法律を作るのは大統領ではなく議会だからだ。もし民主党の勢いがついて（またはトランプ政権への批判が高じて）上院で民主党が多数を取るならば、多くの政策案件を立法することが可能になる。逆に、連邦議会の両院を掌握できない場合は、制度改革は難しくなるため、次の2022年中間選挙での上院勝利を目指すことになろう。ただし中間選挙は通常投票率も低く、現職大統領の所属する政党が国民からの批判票を受けやすくなるため、今年2020年の選挙以上にハードルは上がることになろう。まずは2020年の上院選がカギとなる。

バイデン氏にとっては、選挙に勝たねば元も子もないため、本選挙に向けて中道派からもリベラル派からも支援を得やすい方法を提示する工夫も必要になる。

弱者救済に意欲的だが財源が見えない経済政策

民主党の経済政策というと、予備選挙でも挙げられたような最低賃金引き上げという案が必ず出てくる。共和党はこれに常に反対する立場を示し、最低賃金を引き上げれば賃金を払えない企業がやむなく雇用者の人数を減らすため、労働者のためにも経済のためにもならないと主張する。

これは経営者側の立場に立つのか、それとも経営者に不信感を持つ被雇用者側の立場に立つのかによって、意見が分かれ平行線が延々と続く問題だ。政府がより大きな役割を果たすことを是とするならば、民間の賃金まで法律で縛ることに抵抗はないだろう。しかし政府は小さいほうが良いと考えるならば、これは経済活動をゆがめて社会の効率を悪くする規制となる。

しかしながら、コロナ禍において3月下旬に立法された2・2兆ドルの経済対策は、最低賃金どころか失業者に連邦政府が毎週600ドルの加算金を出すまでの大盤振る舞いをした。これは地方政府が支給する週約400ドルの失業手当に加算される。シカゴ大学の調査では、これによって68%の失業者が、失業前の給与水準を上回る失業給付を手にしたとされる。最低賃金の議論さえかすむ時代になった。

パンデミックが一段落してからも、疲弊した企業が立ち直るのは簡単でないだろう。そこに最低賃金引き上げの政策を実現しようとしても、確かに雇用が失われるリスクの方が高いと考えるべきだ。民主党のお気に入りである最低賃金引き上げ論争が議会で認められるのかは、当面は難しいと予想する。

7月に入り、バイデン氏もいくつかの経済政策を発表した。彼は民主党の中でも中道の代表格であるが、発表された政策には左派への配慮がにじみ出ている。またバイデン氏の発表を受けてトランプ大統領は、バイデン氏がトランプ氏の経済政策を「盗んだ」と反応したことも興味深い。

バイデン陣営は、育児と介護に向こう10年で7750億ドルを支出して、この分野で300万人の雇用を創出するとした。スローガンは「より良い状況への再建」とし、コロナ禍で苦しむアメリカの製造業の再生計画も目玉とした。ここがトランプ大統領にとって「盗まれた」と感じた中心部分かもしれない。バイデン氏も中国に対しても強硬姿勢で臨み、中西部の製造業を守ることを誓っている。TPPについては、再交渉を前提条件に復帰する可能性を示唆している点は、トランプ政権との違いを見せているのだが、公式には表明せず、あくまでも製造業への配慮が優先である。

連邦政府がアメリカ製品を大量に購入する「バイ・アメリカン」政策では、4年間で4000億ドルの調達費用を政府が支出する。これで製造業だけで200万人の雇用増加。また人工知能（AI）などのハイテク分野に投資し、300万人の雇用増につなげる。これらの経済政策を合算すると1000万人規模の雇用創出ができる計算となる。

連邦法人税については、トランプ政権が35％から21％にまで引き下げたが、バイデン氏はこれを28％にまで戻すとしている。個人所得税も最高税率の35％をさらに引き上げ、富裕層の資産取引課税などを強化する計画だ。

地球温暖化への対処など、環境関連分野への投資は巨額となる。富裕層への増税と並んで、最も急進左派的な要素がここに入り込んでいる。バイデン陣営の発表では、2050年までに温室効果ガス排出をゼロにする目標を立て、そのために1・7兆ドルの支出をするというものだ。これを「グリーン・ニューディール・ライト」と名付け、最終的には30年のうちに化石燃料の使用を止めることを目指す。公共交通機関の充実も目指し、太陽光や風力発電も増加させる。また電気自動車の充電ステーションを増設したいとしている。

この発表を受けて石油やガス業界は安堵したそうだ。石油やガスを国内生産するために水圧破砕法（地下の岩体に超高圧の水を注入して亀裂を生じさせ高温岩体地熱発電や、シェールガスなどの採取に用いる手法）を禁止する条項がなかったからだという。環境保護団体はこの水圧破砕法を禁止するべきだとしており、それをバイデン氏が入れていないのが朗報だったようだ。環境に関する政策の中身の詳細はまだ練り上げている最中だが、無所属のサンダース上院議員をバイデン陣営の政策担当共同チームにとりこみ、8月に行われた党大会ではハリス副大統領候補も発表したことから、徐々に形を見せつつある。

バイデン氏の経済政策の焦点には、人種の経済不平等の解消という要素もある。単なる人種非差別策では不十分であるため、子供が生まれたとき全員に政府出資の貯蓄口座〝Baby Bond〟（ベビーボンド）を開くという構想（オハイオ州立大学デリック・ハミルトン教授の提案）を前向きに検討するとしている。

また、大規模公共事業によって大量の政府雇用を創出するという。さらに7月末には、有色人種が経済的な不平等を克服するために資金を拠出すると発表した。まず300億ドルを黒人・有色人種・ネイティブアメリカンが経営する小企業に支出する。また政府調達の契約を不利な立場にある小企業向けに増やし（5%→15%）、2025年に目標を達成する。これでシステム的な人種差別や経済的不公平の解消に努めるとしている。

今後問題となるのは、どのように財源を担保するかだろう。育児・介護支援策の財源は資産家の不動産取引に課税するという。必要とされる税収は10年で8000億ドルにまで上るようだ。税源は資産家の不動産取引課税以外にも必要なのは明らかだ。仮に10年で1・5兆ドルというトランプ政権の減税をいきなり帳消しにしたとしても、バイデン氏の投資計画に必要な財源には満たない。公約した内容に見合う財源をどう担保するかは選挙戦でも厳しく追及されることになるだろう。

ただ、何ごとも議会の両院が民主党の多数とならない限り、公約の実現は難しい。バイデン氏の政策綱領の多くが現実離れしていたとしても、議会の賛同を得て一部でも実現できれば、それはそれで大きな大統領の功績となるだろう。

ＢＬＭ運動という「追い風」と保守的な田舎の実情

本稿執筆時点のバイデン陣営の政策提案を見ると、まず気候変動への対処がトップにきている。次が黒人の人権運動としてのＢＬＭ運動（Black Lives Matter＝黒人の命は大切だ）に呼応して警察・司法改革が位置付けられている。その次が経済政策、教育政策と続き、医療改革はその下に並び、最後に移民制度の順番であった。やはり気候変動問題は民主党左派および若い世代を惹きつける大事な政策課題になるようだ。これには相当力が入りそうである。しかし、トランプ支持層に入る白人貧困層が高い関心を抱く政策課題ではないため、行き過ぎれば反発が広がる可能性がある。

また警察・司法改革を通して黒人の問題にバイデン氏が手厚く対処するのは当然と思わ

れる。サウスカロライナ州での民主党予備選挙で黒人票がバイデン氏を圧勝させてくれていなかったら、バイデン指名の奇跡的復活はおそらくなかったからだ。そしてＢＬＭ運動は少なくとも当初トランプ氏にダメージを与え、バイデン氏に有利に働いた。クリントン政権時代に上院司法委員長だったバイデン氏は、時の政権が打ち出した犯罪を厳しく取り締まる方針に協力して警察権限の強化に加担したことがあり、贖罪の意味も含めて、警察・司法改革は優先順位が高くなるだろう。ただし、トランプ大統領はこの矛盾点をここぞとばかり突いてくる。バイデン氏には論破の準備が必要である。特に年配の白人層にとっては、警察の権限がしっかりしていることは、決して悪いことではない。市民の安全および警察官自身の安全や命を守ることが重要なのであって、それが「法と秩序」であると考えるサイレント・マジョリティーは、ＢＬＭデモの起こっていない郊外や保守的な地域には、相当に息をひそめている可能性がある。また、もうひとつのＢＬＭ（Blue Lives Matter＝警官の命も大切だ）として、警官の制服の色にちなんだ運動も始まっている。

経済政策では、結局のところ増税と規制強化が民主党にはついて回る。これはトランプ支持の白人貧困層には必ずしも相いれないし、ましてや有色人種を優先することをうたっているため、自分たちは放置され、また逆差別に遭うという気分にさせるかもしれない。不公平感を払拭する努力と説明を十分に果たさなければ、２０２２年の中間選挙で大きな議席のしっぺ返しを受けるだろう。

医療改革の問題は、財源が巨額になるだけに、国民の総意を得ることも議会で立法することも簡単ではない。ましてやサンダース氏やウォーレン氏の唱える社会主義化が起こると、その反発はアメリカでは計り知れない大きさになろう。バイデン氏もそこはよく理解していて、改革への期待値を上げ過ぎないように注意しながら、医療改革をあえてトップのアジェンダに据えていないように見える。

移民問題は、民主党とトランプ支持層が決定的に対立する部分である。民主党の支持層にはメキシコとの壁建設や厳しい移民規制に反発する者が多く、これは逆に共和党や白人貧困層で仕事を移民に奪われると感じる人々の怒りを買うことになる。ただし民主党としてはこれを曲げるわけにはいかない。結局のところ党派の勢力を選挙で決め、それに従って政策を進め、行き過ぎれば次の選挙でそれが修正されるというプロセスでしか、妥協はできなそうである。

バイデン政権に2期目はない？

前述したようにトランプ氏は選挙中にも、バイデン氏の息子であるハンター氏を攻撃のカードにと考えている。メディアに向かって「世界の最大級のファンドが中国から資金を持ち出せないのに、バイデン氏の息子は15億ドル（約1600億円）の資金を持ち出している。彼は急に開かれることになった会合のため中国に行ったが、副大統領専用機で乗り込んだ。これはひどい」と語っている。ペンス副大統領も、「アメリカ国民は、前政権の副大統領とその家族が地位を利用して利益を得たかどうか知る権利がある。当然の疑問がある以上、われわれは引き続き追及する」と記者団に語っている。

トランプ氏は、自らがロシア疑惑やウクライナ疑惑で長期間の捜査対象となり、後者の疑惑ではとうとう下院で弾劾訴追までされた。共和党上院も民主党の政治駆け引きを阻止するのに苦労したわけだが、もし形勢が逆転して、バイデン氏がホワイトハウスの主となり、その大統領と親族に疑惑が指摘されたらどうなるであろうか。

これが現実的なことになるかどうかは、議会下院の政党バランス次第ということになる。

弾劾裁判が成立するためには、まず下院が調査を開始し、過半数の賛成で弾劾訴追が成立しなければ、上院へ弾劾裁判はまわってこない。そして上院では3分の2の賛成が確保できなければ大統領を罷免することはできない。ハードルはとてつもなく高い。

それでもノイズを出すことは十分に可能だろう。トランプ政権最初の2年間は上下両院で共和党が多数を占めていて、下院が訴追に動くことはなかったが、それでも民主党はさまざまな手段で調査やメディア発信を行い、政権を追い詰め続けることはできた。しかし、それはワンマンなトランプ政権だったからという側面も否定できない。トランプ氏は伝統的な政治家でもなく、ワシントン政治のインサイダーでもなかった。トップダウンの手法が多くのスタッフの反発と疑念を生み、情報がリークされたり内部告発があったり暴露本が出たりした。図らずして非常に透明性の高い政権になっていたのである。

もしバイデン氏が大統領になるなら、彼は議会に沢山いる友人たちを政党の枠を超えて動かそうとするかもしれない。バイデン氏は、議員だけではなく多くのスタッフとも仕事をした経験をもつ。このような環境で、弾劾裁判が成功するのか、そして国民も（あまりにも熱量の低い）バイデン氏にどこまで罷免しようという怒りの情熱を燃やせるのか分からない。ましてや、高齢のバイデン氏はそもそも2期目を狙わない可能性も高い。もちろん政治は個人的な関係だとか人柄にかかわらず展開することもあるだろう。よほど許しがたいスキャンダルが浮上するという条件が整えば全く別の話である。しかし、通常であればバイデン氏のようなタイプの人物に、弾劾裁判はかなり不釣り合いに見えるのである。

第3章

トランプ氏の自国第一主義は他国を火薬庫に

アメリカと中国の報復合戦がもたらすもの

アメリカと中国の関係は、貿易赤字不均衡への不満から始まり、関税戦争へと発展した。それでも、2020年1月には第1段階の米中貿易協議で合意に達し、資本市場も日本も一旦は安堵した。しかし、3月から新型コロナウイルスがアメリカで爆発的な感染拡大を引き起こすと、雇用や経済への打撃が広がり、さらに中国の一国二制度破棄を意味する「香港国家安全維持法」が追い打ちをかけ、米中の亀裂は日に日に悪化している。

そもそも、トランプ大統領は必ずしも中国との正面衝突をエスカレートさせようとしてきたわけではない。困難な状況を作ったうえで、相手からの最大限の譲歩を引き出すのが目的だった。そのための関税引き上げであり、そのための中国攻撃であったはずだ。2020年2月4日、大統領の3回目の一般教書演説では、中国に関税を課す戦略はうまくいったとし、「習近平国家主席を含め中国との関係は恐らくこれまでで最も良好だ」と述べている。新型コロナウイルスについても言及し、ウイルス感染に関して中国と協力していると主張した。

大統領は、自身の再選に向け、支持層にアピールするには経済が最も重要な要素であることを自認している。同年2月の世論調査（エール大学とジョージメイスン大学およびクライメイトネクサス実施）によれば、共和党支持者の間での最も重要な問題は経済と雇用、そして移民、健康保険の順番で認識されている。逆に民主党支持者では、健康保険、気候変動、経済と雇用の順となっている。無党派層では、健康保険、経済と雇用、そして気候変動の順で関心が高い。その経済も株式市場との関係が深いため、トランプ大統領は常に株価を気にする。米中貿易協議が失敗に終わるというニュースが流れると株価が下落し、何とかなりそうだと見えると上昇することを、トランプ大統領が最もよく認識している。

これまでも、米中貿易協議がどうなるのかというニュースだけで、株価が敏感に反応することが常となっていた。典型例は6月22日のピーター・ナバロ大統領補佐官（国家通商会議）の発言に対するトランプ大統領の打ち消しツイートの件だ。ナバロ氏はFOXニュースの番組「ザ・ストーリー」のインタビューで、中国との第1段階貿易合意について「それは失敗に終わった」と打ち切りを語ったのだ。すると、S&P500種株価指数先物は一時1・6％下落した。その後ナバロ氏が今回の発言は文脈から「大きく」外れて捉えられたと釈明し、トランプ大統領も合意は「全く損なわれていない」とツイートしたことから、一連の市場の動きはすっかり元に戻ったという、本当の話だ。株価にとってこの大事な中国カードを、トランプ大統領が選挙の前に手放すはずがない。したがって、中国とは程よいところで何らかの合意を見せるといった落としどころを探るはずだった。ただし、コロナ禍前の話だが。

トランプ大統領が中国との距離を注意深く計算している例は、他にもある。たとえば2018年に遡った5月、大手通信機器メーカー・ZTEが、北朝鮮やイランに違法に通信機器を輸出した問題で虚偽の報告を行っていたとして、7年間アメリカ企業との取引を禁止する制裁が科されたが、それを解除する決定をした時だ。連邦通信委員会（FCC）が、ZTEに部品などを輸出できないよう指針を取り決めるところだった。

そんなタイミングで、トランプ大統領は、習近平中国国家主席との電話会談の後、それを取りやめると言い出した。ZTEが罰金の支払いや経営陣の刷新などに応じる代わりに、商務省はZTEがアメリカ企業と取引を再開することを認めるとしたのだ。おそらく中国との貿易交渉を有利に進めるための大統領の対処であったと考えられる。また2017年度を見ると、アップル社だけで、ＺＴＥとの取引が４４８０億ドルという収益に寄与していたことも知られている。

しかし、議会の方は全てを大統領任せにすることはしなかった。制裁解除は安全保障上の問題があるとして反発が広がり、２０１９年会計年度国防権限法（National Defense Authorization Act of 2019）の中に、ＺＴＥへの懸念が書き込まれることになった。ただし、企業経営への影響を気にする共和党は、ＺＴＥと取引できないのは政府の調達に関する部分に限定するよう気を遣った。たしかに国防権限法は法律であるため、大統領令のような機動性がない上、固定されたものになるので注意深く考えておく必要がある。

中国を縛る国防権限法

国防権限法は、アメリカの安全保障に関する予算権限について、上下両院の国防委員会が中心になって法案をまとめ、それを基に予算編成での歳出権限を認めるものである（ただし歳出委員会が作成する歳出法に含まれなければ、裁量的経費としての支出は認められない）。毎年議会を通過させるが、すでに議会を通過した部分は否定の修正がされない限り残されていく。もちろん歳出の金額等、修正をしてアップデートを続けていくものでもある。その中に、中国に対する記述が含まれることになった。

まず、アメリカ政府機関が中国通信大手5社のサービスや機器を使用することを禁じた。その5社は、ファーウェイおよびZTEとその関連会社、さらにハイテラ（無線）、ハイクビジョン（監視カメラ）、ダーファテクノロジー（監視カメラ）とその関連会社である。まず2019年8月からこれらの会社からの調達を禁止し、2020年8月からはこの5社と製品を使う企業からもアメリカ政府は調達できないことが法律に含まれた。これに抵触する懸念のありそうな日本企業は800社ほどあるとの報道もなされている。

そのほかにも、国防権限法には2年に1度の環太平洋合同演習（RIMPAC）への中国の参加禁止を盛り込み、それを解除する条件として、中国が南シナ海諸島での全ての埋め立て地を放棄し、開発も停止し、除去しなければならないとした。また、中国語教室「孔子学院」が、アメリカの教育機関に資金提供をすることを制限した。これらに加えて、主に中国をターゲットとした「2018年外国投資リスク審査近代化法」および「輸出管理改革法」と連携して、海外企業によるアメリカ企業の買収や合併などを審査する機関の権限強化をうたった。大統領はこの法案に署名し、2018年8月13日に成立させている。

トランプ政権の対中政策は、通商面で保護貿易色が強くなる民主党の傾向と、安全保障面で厳しさが増しやすい共和党の傾向の双方を併用している。対中国政策においては、株価や経済の動向に注力するトランプ大統領が存在する一方で、ペンス副大統領、マティス前国防長官、マイク・ポンペオ国務長官、マット・ポッティンジャー大統領副補佐官、ジョン・ボルトン前国家安全保障担当大統領補佐官など、安全保障面で中国に対する厳しい目を持つ高官たちが政権を支えたことも特徴的だ。もう一方の通商を担うチームを見ても、ロバート・ライトハイザー通商代表部代表やナバロ大統領補佐官をはじめとして、対中強硬派の発言力が強い。

こうした安保と通商の融合は、アメリカの中国に対する対応が、極めて幅広い分野にわたっていることからも、必然の要素がある。一帯一路構想、知的財産の盗用、国家資本主義、補助金の濫用、発展途上国ステータスの濫用、核兵器や宇宙そしてサイバースペースに関する安全保障、南シナ海での軍拡、香港や台湾の扱い、中国インフラ投資銀行（AIIB）、国際機関におけるリーダーシップ、新型コロナウイルスに対する対応、ウイグルやチベットにおける人権問題、TikTokなど中国製アプリの問題、FBI長官による中国スパイ活動への警告、孔子学院をはじめとした海外への文化的浸透戦略などまで多岐にわたる。またWHO脱退宣言も、WTO上級委員会委員任命拒否による審議機能停止問題も、組織改革のスピードが中国の台頭スピードに追いつけなかったことの裏返しとして、トランプ政権が行動に出たと理解することも可能であり、中国の存在および政治的な選択が大きな動機付けとして寄与していることは間違いない。

中国の憲法改正がアメリカを頑なにさせた

トランプ政権になって、アメリカの対中姿勢が大きく変化した理由は、単に保守的・保護主義的なアメリカ大統領が誕生したからだけでなく、中国側の変化によるところも大きい。これまでアメリカは、中国が豊かになれば国際規範を受け入れるだろうし、民主化も進むだろうと期待して、中国の発展を後押ししてきた。しかしながら、中国共産党中央委員会は2018年3月、国家主席の任期を「2期10年まで」とする憲法の条文を削除する改正案を成立させた。この改正によって、習近平氏は任期が切れる2023年以降も、国家主席の座にとどまり続けることができるようになり、民主主義の発展に大きな疑問符が付いた。それに加えて中国製造2025（製造業の高度化を目指す指導部が掲げる産業政策）や一帯一路構想を通して、世界の覇権を目指す意図も露わになってきた。軍拡も勢いを増すばかりで、南シナ海には、新型コロナ禍の最中に、二つの新しい行政区も設置している（西沙諸島とその海域を管轄する西沙区、南沙諸島とその海域を管轄する南沙区を設置）。このような中国の行動が、中国の民主化という期待をしぼませ、アメリカが認識を改める契機になったのである。

また、2020年5月20日に発表された「中国に対するアメリカの戦略的アプローチ」というレポートが議会に提出されたタイミングは、いよいよトランプ政権が中国に厳しい施策へと転換する時期に重なる。レポートの内容は2017年と2018年のペンス副大統領の演説などと同様だ。まず、歴代政権による中国との協調を重視した関与政策の大半を失敗であったと明確に位置づけた。次に、中国はイデオロギー的な争いをしていることを指摘した。これは国家資本主義が優れているのか、それとも自由な民主主義を基盤とした資本主義が優れているのかを争う姿勢を中国が示していると示唆するものだ。さらに中国は、自由や人権といったアメリカの価値観に挑戦する勢力であり、経済や政治、そして軍事力の拡大がアメリカの死活的な利益を損なっていると指摘している。ただし、中国との協力が必要であることも認め、特に軍縮交渉に加わるよう、中国の指導者たちに働きかけていくと述べている。

このレポートに含まれた内容は、すでに議会ではもっと早くから認識されていて、超党派による立法活動に生かされていた。２０１９年に上下両院で圧倒的多数で通過した「香港人権・民主主義法」、「香港自治法」、および「ウイグル人権法」は中国に厳しい議員らが起草し、トランプ大統領が署名を行って法律として成立している。中国もアメリカにおける立法活動のリーダーたちに着目しており、特に活発な４人と委員会に制裁措置を科すと２０２０年7月13日に発表した。対象は、マルコ・ルビオ上院議員とテッド・クルーズ上院議員、クリス・スミス下院議員、それに、国務省で信教の自由を担当するサミュエル・ブラウンバック大使および中国問題に関するアメリカ連邦議会・行政府委員会（ＣＥＣＣ）メンバーである。

中国に対しては、行政府だけで決定できる施策も、数多くある。こちらは立法プロセスを必要としない法的に許された範囲での選択となる。関税引き上げや大統領令による制裁措置、そして行政府による中国企業のエンティティーリスト（いわゆるブラックリスト）作成などは、その例だ。最近では、香港問題について大統領は別途制裁の方向性を示し、大統領令によってアメリカが実施している香港に対する優遇措置について一部を除き全廃させるとした。

またポンペオ国務長官は、２０２０年7月13日の声明で、中国が南シナ海で主張する独自の境界線である九段線を無効とした２０１６年の仲裁裁判所（オランダ・ハーグ）の判決を支持し、中国の動きは完全に違法であると明言した。これまでアメリカは、領有権紛争には肩入れしないという立場を示してきたのだが、姿勢を大きく転換したことになる。今後アメリカ議会は「南シナ海・東シナ海制裁法案」も検討するほか、アメリカで上場する企業に会計や経営の透明性を求める「外国企業説明責任法案」も審議しており、実質的には中国企業がターゲットとなっている。

武漢発・新型コロナウイルスが中国への不快感を増大させた

しかし、コロナ危機がアメリカを襲うまで、トランプ大統領は「ビッグディール」を好み、中国、ロシア、そして北朝鮮などと交渉するにあたって、価値や理念に囚われずに渡り合おうとしてきた。その分、民主主義や自由といった価値の部分は、政策重視型の政府高官や閣僚そして専門家に任せつつも、ディールが近くになると意見の合わなくなることも多々あった。外目からも、自身と対中国強硬派の側近たちの間が乖離し、一貫性がないとか気まぐれだとかという大統領への批判につながる側面もあった。しかし、これが新型コロナパンデミックの後から、中国政策に関する乖離や溝が、急速に小さくなる傾向がみられている。アメリカ国民の中国への不信感も高まっており、ピュー・リサーチセンターが2020年7月に行った世論調査によれば、中国に対して不快感を抱く人が73％と急増し、好感を持つ人は26％となった。2017年には両者が五分五分だったので、大きな変化である。選挙を考えれば、国民の気持ちを前にしてどう振る舞うべきかと大統領は考えているはずである。

それでも、アメリカ・ファーストを唱える大統領は、２０１７年11月中旬のアジア初歴訪の間に、中国側に軍事拡張を咎めないとするようなサインを送っている。「主権を放棄するような大きな協定には取り組まない」とも述べたのだ。その時に鮮明となったのは、内向きの論理を優先するアメリカ・ファーストの姿勢だった。包括的なアジア戦略を語った同10日の演説では、多国間の貿易ルールづくりを否定し、アメリカの都合に沿う貿易を求める発言が目立った。北朝鮮や南シナ海の問題で東南アジア諸国連合（ＡＳＥＡＮ）の声明に意見を述べるはずだったのに、結局コメントは省かれた。同14日のＡＳＥＡＮと日中韓の首脳会議では、南シナ海問題は議題にならなかった。トランプ氏はベトナムの国家主席との会談で、「私が仲裁や仲介ができるなら知らせてほしい」と述べ、南シナ海問題の当事者から仲裁役に立場を後退させるような発言もした。

ところが、２０２０年も中盤に入り、トランプ政権は安全保障において厳しい態度に転換していく。大統領選挙での苦戦や、パンデミック危機にさらされ、「ビッグディール」で商業的な価値を狙うだけの余裕が大統領になくなってきたのだろうし、そのせいで閣僚や高官など政策の専門家が中国政策の強硬化を進めやすくなったのかもしれない。

そして前述の通り、ポンペオ国務長官は、中国は「完全に違法」であると宣言し、南シナ海エリアでの領有権を認めないという声明を発表したのである。これは、中国が南シナ海で主張する独自の境界線「九段線」を無効と判断した2016年の仲裁裁判所の判決とアメリカの立場を一致させるものだった。かつての「アメリカは領有権紛争に肩入れしない」という中立的な姿勢を取りやめ、中国以外の周辺国の主張を公式に支持することを意味した。非常に大きなアメリカの立ち位置転換とみられる。

さらに大統領が、大統領選の投開票日まで4カ月を切った2020年7月7日、「恐ろしい中国ウイルスだ。こんなことが起こってはならなかった」とホワイトハウスで語り、新型コロナの発生源が中国だと強調した。ニューヨークタイムズなどの報道によれば、トランプ政権は中国共産党員を全面入国禁止にすることさえ検討しているそうだ。今後議会が通過させようとしているさまざまな法案（南シナ海・東シナ海制裁法案や、外国企業説明責任法など）に対しても、大統領選で勝ちたいトランプ大統領が今後どのように対応するのか、大いに注目される。

このような状況が続き、また中国がアメリカの主張に耳を貸さない限り、少なくとも大統領選挙が終わるまでは中国への厳しい対処がエスカレートすることになるだろう。

トランプ氏が承認した「香港自治法」は中国への強烈な脅し

このような厳しい状況に、中国は反発を強めている。かつての日米貿易摩擦時代は、日本がアメリカからの圧力を受け入れつつ安全保障面での協力などの措置を進めてきた。しかし中国共産党の一党支配の下、アメリカと同盟関係にもない中国がそのような対処をするはずもない。またアメリカ側も、米議会で審議し大統領の署名を得て成立した香港自治法および香港人権・民主主義法に見られるように、アメリカは自由や人権という価値観のためにも、中国に対して厳しい姿勢を打ち出してきている。こうした問題を中国は内政干渉だとし、香港や台湾のみならず、南シナ海での活動も中国の権利であると主張するばかりだ。

そうした中国の対応を正していくのは、非常に難しい。実は中国の肩を持つ国々がすでに存在するからだ。国連や国際機関ではどのような発展途上国であろうが、人口の少ない国であろうが、票を投じる時などは立派な一票となる。中国が香港国家安全維持法を導入した際には、施行直前の2020年6月30日に、英国の在ジュネーブ国連大使が主導して、日本、カナダ、オーストラリア、ニュージーランド、スイスなど27カ国が同法に抗議した経緯がある。「一国二制度により保障されている高度な自治と権利、自由を害するので、中国に再考を求める」という内容の共同声明を発表した。しかし、同日ジュネーブの国連人権理事会では、キューバが53カ国を代表して中国に対する支持を表明した、と新華社が伝えている。ロシアは堂々と賛成および支持の意向を中国に伝えたことが世界中で報道された。中国は国際世論の分断に早くも成功しているといえそうだ。

こうした状況を踏まえて中国は、決定的な米中亀裂が世界を二分する前に、自国の影響力を強めるタイミングとチャンスをうかがう必要が生じてきている。トランプ大統領が2020年7月14日に署名して成立した「香港自治法」は、議員たちの主導で内容が詰められ大統領に行政的な判断を促しオプションを与える内容になっている。基本的に中国の大手銀行に対し金融制裁の道を開くものとして理解されている。アメリカの銀行との取引を禁じる8つの手法も列記された。これが実行されれば中国に対しドル調達という手段を通じて「封じ込め」を行えるため、いわゆる強烈な脅しになるわけだが、実際のところ絶対に実行されないという保証があるわけでもないため、脅しだけでなく実際に世界の金融システムに亀裂が入る懸念が払拭できないと警戒もされている。

この法律によれば、2段階の経済制裁が想定できる。まず国務省が90日以内に香港の自由や自治を侵害した個人や団体を特定し、そしてドル資産の凍結などの制裁が必要どうかを検討する。その個人や団体と取引がある金融機関が対象となるため、第三者も気を緩めているわけにはいかない。具体的な制裁手段としては、アメリカの銀行による融資の禁止、外貨取引の禁止、貿易決済の禁止、アメリカ国内の資産凍結、アメリカからの投融資の制限、そしてアメリカからの物品輸出の制限などの8項目だ。発動を現実的にとらえた法案であり、また取引中断など社内手続きを講じられるように、制裁発動まで1年間の猶予が金融機関に与えられている。中国だけが対象ではないものの、暗に中国に照準を合わせているのは明確だ。

この法案を主導したのは、共和党のパット・トゥーミー上院議員で、民主党のクリス・バンホーレン上院議員を巻き込んで共同で法案を提出した。トゥーミー上院議員のチーフ・オブ・スタッフ（筆頭補佐官）は筆者の最も仲の良かった元予算委同僚である。会うたびに中国の問題を指摘するほど何年も前から中国を警戒していた。当初は比較的無名の上院議員に仕えている印象があったが、立派な法案を仕上げて名の知れる議員となり、個人的には喜びでいっぱいだ。筆頭補佐官となった元同僚は、日本からのワサビ味グリーンピースが大好きで、今は毎日寝る間もなく仕事をしている。

もともと予算委員会スタッフだった人間を右腕に持ったトゥーミー上院議員は中国の最も弱点とする部分を指摘し、こう言う。

「中国経済の将来はドル取引にかかっている。中国の巨大銀行がドルより（香港の）迫害者との取引を優先するならそうすればいい」

もちろん、これはアメリカ・ドルが基軸通貨だから吐けるセリフだ。日本円でその役回りを演じようとしてもそれは無理な相談である。おそらくドルが手に入らなくなることを、中国は経済への最大の脅威として認識したに違いない。ブルームバーグ・インテリジェンスの情報によれば、中国の国有4大銀行が抱えるドル資金は1兆1000億ドル（約118兆円）に上るとされる。このドルで、中国企業の貿易決済を担うだけでなく、「一帯一路」のプロジェクトで新興・途上国のインフラ投資をする資金を貸し出す際にも大きな役割を果たしている。

もしも、中国企業が海外事業を手掛ける時に、ドルの送金をできなくなったら、中国にとっては最悪のシナリオであろう。アメリカ連邦準備理事会（FRB）とウォール街のドル決済に、スイフト（SWIFT、国際銀行間通信協会決済システム）が使用できなくなるとすると、中国の巨大銀行が1日3兆ドル超の取引額の決済網からはじきだされることにもなり、ドルの資金繰りができなくなる。しかしこの制裁を行うと、大きなしっぺ返しが待っている可能性がある。中国の銀行をドル経済圏からもしも排除するとなると、中国発の金融危機が世界を揺るがすことにもなり兼ねない。かつてアメリカは中国の銀行をドル決済網から締め出したことがある。北朝鮮関連の制裁で、中国の丹東銀行が制裁の対象だったが、さすがに大手銀行に手をかけることはしなかった。法案の作成はトゥーミー上院議員の功績であるが、行政的に法を執行するのは行政府であるため、おそらく甚大過ぎる影響にアメリカもひるんだのではないかと考えられている。

しかし、脅しとしては十分に中国へのメッセージになっている可能性がある。2019年8月、アメリカは中国を「為替操作国」と認定したと宣言したことがあるが、その時中国は、アメリカのドル覇権をしみじみと実感したに違いない。ましてや今度は、スイフトが使用できなくなるという最悪の想定に対し、中国は備えが必要になるのだ。そして実は中国はすでにデジタル通貨を確立し、現在の人民元の脆弱性を補おうと努力を重ねている。ヒントはフェイスブックが打ち上げたリブラ通貨だった。中央銀行で通貨管理ができなくなることに大きな懸念が寄せられ、その構想は国家を超えるデジタル通貨とはなり得なくなったが、逆に今度は中央銀行等が管理するデジタル通貨に発想をつなげた。日米欧もデジタル通貨に大きな関心を寄せているが、中国はそれより早く実現化を図っている。

ただし、人民元での決済システムを確立するのは容易ではない。世界のクロスボーダー(国際間)決済取引のうち、ドルの使用割合は約42・5%で、人民元は現状2・2%に過ぎないところからのスタートである。ましてや通貨の国際化は、使い勝手の良さや意思決定の透明性が必要とされるので非常にハードルが高い。とは言っても、デジタル通貨であれば、一帯一路に参加するような国々を足場に、中国のデジタル人民元を広めることが可能かもしれないし、少なくとも中国は、アメリカの圧力をはねのけるには通貨の国際化が必要になったと知っている。今後中国が通貨や金融にビクビクしなくて済むようにしたいなら、デジタル人民元普及の必要性がますます増すことになるだろう。

アメリカの強みは、何といってもドルが国際的な基軸通貨であるということだ。貿易にしてもサービスにしても、スイフトを通してアメリカは金銭の流れをつかむことができる。そして制裁が必要な国に対して、アメリカ一国でそれを実行することができるのである。しかしこれは、アメリカの経済が覇権を維持してきたからであって、アメリカ経済が縮小し影響力を失っていけば、基軸通貨の威力も減少してしまう。中国のデジタル人民元は、経済面でのアメリカへの挑戦であると同時に、決済手段をも争う大きなチャレンジとなっていく。こうした中国の勢いに、どれほどの国々が追従するのかが、勝負の分かれ目になるだろう。アメリカの経済面での後退が進めば、中国の覇権に道筋をつける結果になる。世界の政治、経済秩序がゆらぐ中、大国となった中国が貿易、金融など多くの分野で、圧倒的な覇権を目指し、アメリカに挑んでいる姿がすでに見え始めている。

中東から手を引きたがるアメリカに待ち受ける試練

トランプ大統領の掲げるアメリカ・ファーストは、貿易だけでなく中東の安全保障にまで及ぶ。その安全保障も経済と表裏一体である。特に中東の場合は、アメリカ国内のシェール革命が大きな影響を与えている。アメリカはかつての石油輸入国から輸出国に転じた。このことが中東政策に意味を持たないはずがない。トランプ大統領は、国益に直結しない中東への派兵を縮小することを目的としてきた。２０１６年の大統領選挙では、オバマ大統領同様にアメリカは世界の警察官でないと明言し、アフガニスタンやイラクからの撤兵も約束していた。

そしてようやく２０２０年1月28日、イスラエルのベンジャミン・ネタニヤフ首相と並んで記者会見にのぞみ、80ページに及ぶ中東和平案といえる「平和と繁栄、より明るい未来のためのビジョン」を発表したのである。この内容は、イスラエルとパレスチナの80年にわたる領土紛争を終わらせるために、紛争地域をイスラエル支配とし、パレスチナには国家として独立する可能性を開くというものだ。このころ皮肉なことに両首脳ともに弾劾裁判や起訴を受けており、中東和平という中身よりもアピールに余念がない状況だったことも否定はできない。この和平案に従えば、イスラエルがヨルダン川西岸地区と東エルサレム、そして東部国境沿いのヨルダン渓谷にあるユダヤ人入植地を併合してイスラエルの法律を適用することができる。この案の発表にパレスチナ側の高官は欠席し、イスラエルに有利過ぎると即座に否定するに至っている。当地での抗議活動も全土に広がり、米国務省が職員の渡航を制限して安全対策喚起を行うまでになった。したがって、実効性については望みの薄い和平案ということになる。

しかし中東政策については、それだけでは終わらない。同年2月には、今度はアフガニスタンの和平実現に向けて、アメリカは反政府武装勢力との協議を詰めた。暴力削減の期間を7日間と定め、それで信頼が醸成されればアメリカとタリバンが包括的な和平合意に署名し、1万2000人規模のアフガニスタン駐留米軍の段階的削減と引き換えにタリバンがアフガニスタン政府と将来的な統治体制をめぐる対話を始めるというものだ。これは計画通り、2月29日に和平合意として署名され、タリバンとアフガニスタン政府の捕虜交換も盛り込まれた。

アメリカは2001年の米同時多発テロ事件の首謀者だった国際テロ組織アルカイダのウサマ・ビンラディン容疑者をかくまったとして、アフガニスタンのタリバン政権を相手に戦争を始め、すでに18年半に及んでいた。大統領選を目の前に、アフガン戦争の終戦を宣言して駐留米軍縮小の道筋を付けられれば、トランプ氏は外交の手柄を有権者にアピールすることができる。

合意文書に署名した後の3月10日、米軍はアフガニスタンに駐留する部隊の撤退を開始したと発表した。合意内容によれば、署名の日から135日以内に部隊を8600人に縮小することになる。ただ、これで19年近く続いた戦火が消えるかは分からない。それでも2001年以降、2400人以上のアメリカ人兵士がアフガニスタンで戦死しており、アメリカ国民の間には中東での戦争疲れが明らかにある。それが過去の政治やアメリカの警察官的な役割を踏襲した既存の価値観を崩すべく登場したトランプ氏が大統領に当選した1つの理由でもある。こうした問題に、たとえ不満足な内容でも一歩を踏み出し、地域のことは地域で担ってもらうという考え方の下、トランプ氏のアメリカ・ファーストが実行されていく姿がうかがえる。

シリアからの性急な撤退で議会や同盟国から懸念が噴出

中東には他にも多くの懸案がある。世界の火薬庫とまで言われる地域だけに、紛争も絶えない。シリア問題もその一つである。２０１９年１月に退任したマティス国防長官は、同盟を重視した現実的な外交・安保政策を志向し、トランプ大統領と意見が食い違うことが増えていた。前年の12月20日に辞表を公開したマティス氏は、脅威の対象が中国やロシア、そして過激派のイスラム国（ＩＳ）であることを指摘し、できることを全てやるべきだと強調した。これは、トランプ大統領が中東から兵を引くことを非常に急いでいることへの警鐘でもあった。

トランプ大統領は、２０１８年12月19日、ＩＳを打倒したことを理由に、シリアからの米軍撤退を表明した。しかし多くの議員や専門家からの反対に遭い、なかなか実現はしなかった。ＩＳ掃討支援作戦の一環として、翌年３月にはＩＳを撃破し北東部の大半を奪還して勝利したとも発表した。ＩＳの復活は懸念として残るが、撤退の表明を優先させた格好だ。トランプ大統領の12月の決定は、14日にトランプ氏がトルコのエルドアン大統領と電話会談を行った結果だという報道も存在する。エルドアン大統領は、米軍が撤退しても、トルコ軍がＩＳを一掃できると確約したとされる。こうしたトランプ大統領の突然の米軍撤退表明は、当時のマティス国防長官の辞任を招いたのである。米軍が撤退すれば、シリアでロシアの勢力が伸びるのは明らかである。その結果、協調するイランの勢力も強まるとみられるのだ。ロシアとイランは、シリアのアサド大統領を支援している。シリアでアサド政権が有利になれば、イランは東地中海方面に進出しやすくなることにより、アメリカにとって望ましくない状況が生じる可能性がある。

こうした性急な米軍撤退に関しては、議会や同盟国から懸念が噴出し、トルコが米軍の友軍として頑張ったクルド人勢力を攻撃しないことを条件に加えるなど、修正が必要となった。クルド人勢力を切り捨てることにでもなれば、同盟国の不信を招くのは明らかである。トルコはクルド人勢力を非合法武装組織クルド労働者党（ＰＫＫ）の分派だと主張している。しかし、米軍はＩＳと戦うクルド人勢力を助けることを目的にシリアに駐留してきた。トルコはこれに反発し、ロシアやイランに近づくという戦略をとった。北大西洋条約機構（ＮＡＴＯ）のメンバーであるトルコはアメリカの安全保障に重要な役割を果たしており、もしロシアと親密になればアメリカ自身の安全保障にも影響すると考えられる。米軍が撤退するには、残党の掃討と勢力拡大阻止が必要だという認識も以前からあった。

多くの側近や議員から注文を付けられても、トランプ大統領は米軍の撤退にこだわり続ける。２０１９年2月21日の発表では、約２００人の平和維持部隊はしばらく現地に残すが、約２０００人の軍人の撤収は２０１９年４月30日までに行われるという主張を続けた。

さすがに共和党のマコーネル上院院内総務もこの方向性には危惧を示し、「トランプ政権におけるシリア米軍撤退は深刻な失敗」という意見をワシントンポストに寄稿したくらいだ。だが結果的に、トランプ政権はシリアでの軍友であるクルド系勢力を犠牲にしたことになる。トルコは一時アメリカの要請を受けて軍事作戦を停止したものの、数日後にはロシアのプーチン大統領と会談し、トルコとロシアそしてアサド政権が協力してクルド勢力を国境地帯から排除することで合意している。イランの影響力も拡大すると考えられる。

このようにトランプ大統領にしてみると、中東にアメリカの資源である兵力や予算をつぎ込むことを避ける方向性が、明確なのである。そして中東ではいよいよ、米軍抜きでシリア情勢が展開されつつある。

他国への武力介入の多くは好ましくない結果を招いてきた

トランプ大統領の選挙スローガンは、自国第一主義（アメリカ・ファースト）というものだった。自国民の利益を最大化するという趣旨である。国民の生命や安全に直接の脅威となるテロリスト撲滅は、2016年大統領選挙においてもトランプ氏の重要な公約の一つであり、アメリカ国民も、そのこと自体は問題なく受け止めている。そして、そのためにすでに存在する国家そのものを転覆する手法を取ることは、トランプ氏のアメリカ・ファーストでは想定されていない。ましてや他国を民主主義国家にするために、アメリカの限られた人的・経済的資源をつぎ込むのは賢明でないというのが、トランプ政権のスタンスである。それはまた、2016年選挙の中で、トランプ氏が中東への派兵を引き揚げると約束していることからもうかがえる。これまでアメリカは多くの戦争をしてきたが、結果的に戦後の統治や民主化まで成功させた例はほとんどない。成功したのは第二次世界大戦後の日本くらいではないかとさえ言われる。アメリカが戦争をしてまで介入しようとした地域では、多くが好ましくない結果に終わるか、または出口のない紛争に巻き込まれ続けているケースがほとんどだったのである。これを国益ではないとするトランプ政権のスタンスは、従来のアメリカ例外主義を原動力に民主主義を対外的に広げようとする動きとは方向性を異にする。

トランプ大統領のロジックは、国連総会でトランプ氏が一般討論演説を行った言葉の中に、はっきりと明示されている。2017年の最初の演説では、改めてアメリカ・ファーストを鮮明にし、どの国も自国優先であるべきだと説いた。そのことによって国際協調も可能になると指摘した。さらに「主権」という言葉を何度も繰り返し、それぞれの国の在り方を尊重すべきだという立場を鮮明にした。つまり、他国の内政に介入することは、アメリカ・ファーストに反することになる。国民の利益と主権国家の権利を尊重することが自国第一主義の原則であり、自国第一があってこその国際協調なのだとする。たしかに、シリアでのIS掃討やアフガニスタンでのテロとの戦いは、アメリカ一国だけでは成しえないだろうし、トランプ大統領が望む早期撤退も実現しないとなれば、そうした協調がアメリカにも必要となる。そして、自国第一主義の根底には、全ての国は自国民の利害を大事にすべきだからこそ「他の主権国家の権利も尊重すべきだ」という発想がある。だからこそ、トランプ大統領は「アメリカは一方的な交渉には応じない」と国連演説の中で述べている。そこには、唯一の覇権国家でなくなりつつあるアメリカが見え隠れする。世界をリードする余裕が失われつつあるのだ。また、主権国家の権利を互いに尊重するトランプ氏の論理で、アメリカによる他国への干渉も全て論理矛盾に直面する。

同じく国連総会でトランプ大統領は、2018年に2度目の演説を行い、ここでは「グローバリズムを拒否する」と宣言した。国際社会はグローバル化の中で多くの変化と発展を遂げてきたが、トランプ政権はそれに真っ向から反対するという立場の表明である。そしてトランプ氏はさらに「私はナショナリストだ」と述べ、アメリカ・ファーストをナショナリストの立場からも正当化した。

グローバリズムを拒否したトランプ大統領は、他国に対して体制の転換を求めたり、民主主義的な考えを無理強いしたりする立場を取らない。これが、トランプ氏の国際社会に対する基本の立ち位置である。国連総会での演説は、世界に向けた宣言であり、トランプ氏の公式な立場と理解して良いだろう。

アメリカ国民も、他国への干渉のために多くの人命と経費を注ぎ込むことには疲弊している。また他国の体制を転換させるまでの努力となれば、想像を絶する費用と人命と、さらに転換後の統治責任など、あらゆる経費がかかるものである。これをアメリカ人が負担することは、トランプ大統領のようなビジネスマンには「費用対効果」が見合わないという計算が成り立つのである。

２０１６年大統領選挙当時、トランプ大統領が中東から米軍を引き揚げることを約束したのは、退役軍人の支持を得るためであったという指摘もあった。実際に２０１９年5月から6月に行われたピュー・リサーチセンターの調査によれば、イラク戦争については、64％の退役軍人が「戦う価値がなかった」と回答し、価値があったと回答したのは33％という結果だった。

またアフガニスタンについては58％が戦う価値がなかったとし、38％が価値があったと回答。シリアへの派兵については、55％の退役軍人が「価値がない」そして42％が価値があると回答した。そして一般国民では、イラクの場合62％が価値がなかったとし32％が価値があったと回答。アフガニスタンは59％が価値がなかった、36％が価値があったとし、シリアは58％が価値なしで、36％が価値ありとの回答だった。退役軍人と一般国民では多少の違いはあるが、どちらも米軍による侵略行為や派兵には価値を見出していない人のほうが多いのである。

テロリスト幹部連続殺害で支持率を上げた

ただしアメリカ国民の間でも、テロ撲滅に向けての動きは違った問題とみなされる傾向がある。ギャラップ社の調査によれば、アメリカ国内に居ながらにして自分がテロの犠牲になるのではないかと恐れている国民が非常に多いことが分かる。自分自身がテロの犠牲になるか心配しているかを聞いたところ、２０２０年でも46％の人がそう思うと回答した。同時多発テロ前年の２０００年に自分がテロの犠牲になる心配をしていたのは24％だったため、意識が大きく変わったことがうかがえる。その後２０２０年まで、心配している人はほぼ40％台で推移したままである。

そこでトランプ大統領は、ＩＳをつぶすと２０１６年選挙で約束した。それを実行するかのように行われたのが、２０１９年10月27日、当時のＩＳ指導者だったアブバクル・バグダディ容疑者の殺害だった。この頃、トランプ大統領はいわゆる「ウクライナ疑惑」で民主党から弾劾の追及を受け、またシリアからの米軍撤兵に対して与野党から猛烈な批判を浴びている最中だったこともあり、タイミングからすると、こうした問題から目をそらせる効果があった可能性もある。10月26日に41・6％だった支持率（リアルクリアポリティクス調べ）は、27日を境に上昇し、11月15日には44・4％までV字回復の曲線を見せた。

さらにトランプ大統領と米軍は、２０２０年１月３日にも、イラン革命防衛隊の精鋭部隊「コッズ部隊」のカセム・ソレイマニ司令官を、イラク・バグダッドで空爆によって殺害した。国防総省の発表によると、「大統領の指示のもと、米軍はカセム・ソレイマニを殺害することで、在外アメリカ人を守るための断固たる防衛措置をとった」のが理由である。また、「この攻撃はイランによる将来的な攻撃計画を抑止するのが目的だった。合衆国は今後も、世界のどこだろうと自国の国民と国益を守るために必要なあらゆる行動をとり続ける」としている。

ソレイマニ司令官は、イラン政府において重要な存在であり、指揮するコッズ部隊はイランの最高指導者アリ・ハメネイ師の直属だともされていることから、アメリカではすでにテロリストと指定されていた。テロ行為の背後にイランが存在することや、イランに対する不信が大きいアメリカ国民の感情は１９７９年11月に起きた駐イラン大使館人質事件から長く続いている。２０２０年１月のハフポストとユーガブの調査では、アメリカ人の

71%がイランはアメリカの脅威であると回答し、そのうち36%は深刻な脅威だと答えた。

ただし、ソレイマニ司令官の殺害に関しては野党民主党議員から、切迫度に関する疑念が挙がった。共和党議員はごく一部を除き司令官殺害は「正しい判断」という立場をとった。国民一般については、世論調査（ギャラップ社調べ）によると、53%が殺害に賛成し、45%が反対と回答した。州別にみると、大統領選挙の接戦州では支持率が高い傾向があり、ノースカロライナ州では59%が支持、ミシガン州でも50%の支持であった。

トランプ大統領はテロリストの殺害を他にも発表した。２０２０年2月6日、米軍がテロ組織「アラビア半島のアルカイダ」（ＡＱＡＰ）の最高指導者であるカシム・リミ容疑者を殺害したと公表したのである。

一般的にアメリカでは、テロリストの殺害をすると、大統領の支持率が高くなる傾向がある。オバマ政権が２０１１年5月、アルカイダの首領ウサマ・ビンラディンのパキスタン国内の隠れ家を急襲して殺害した時も、オバマ大統領の支持率は9ポイント上昇し56%（ワシントン・ポスト調べ）まで上がった。トランプ大統領についても、上昇傾向はみられる。

またトランプ大統領の特徴として、空爆などを行っても派兵を積極的に行わない、そして戦争行為は避けようとする傾向も見受けられる。ソレイマニ司令官の殺害後、イランからイラク米軍基地に空爆があった。脳震とうの負傷を負う兵士も多く出たが、トランプ大統領は軍事的な応酬のエスカレートを避ける方向に舵を切り、イランによる空爆の後も米軍にはダメージがなかったと発表していた。こうした配慮も、戦争がもたらす費用対効果を考えると、アメリカ・ファーストにつながらないという計算が成り立った可能性がある。

歴代政権よりイスラエルに接近するトランプ氏の内在的論理

トランプ大統領は２０１７年12月６日、エルサレムをイスラエルの首都と正式に認めた。さらに米国大使館を移設すると宣言し、イスラエル建国70周年にあたる２０１８年５月14日を移転日と定め、イスラエル政府は「これ以上ない贈り物だ」と歓迎した。アメリカの歴代政権のみならず世界各国も、ユダヤ教、イスラム教、キリスト教が聖地とするエルサレムの首都認定を避け、テルアビブに大使館を置いてきた。エルサレムの地位を意図的に曖昧にしてきたのであるが、トランプ政権はこれまでの方針を大転換するに至った。こうした動きは国際社会にも物議をかもし、国連総会でも、反対決議をアメリカが突き付けられる事態を招いた。

トランプ大統領一家とイスラエルのネタニヤフ大統領は家族ぐるみの付き合いが長い。娘のイバンカ、そして娘婿のクシュナー氏はユダヤ正教徒でもある。2人はホワイトハウスでトランプ大統領へのアクセスが最も簡単にできる側近と言われて久しい。こうした関係のみならず、トランプ大統領の重要な支持基盤には、聖書の内容を忠実に守ることを良しとするキリスト教保守の福音派がいる。アメリカの有権者の4人に1人の福音派は、そのほとんどが共和党を支持、そして2016年大統領選挙ではその8割がトランプ氏に投票していることも、トランプ大統領のイスラエルへの肩入れに影響がある。

ただそれ以上に、イスラエル優遇姿勢に関しては、実は中東地域におけるイランの勢力圏拡大阻止という大きな戦略があるのだという指摘も存在する。オバマ政権時代、イランの核保有を防ぐ目的で、米欧ロシア6カ国が協力してイラン核合意をまとめたが、そのプロセスではオバマ政権がイスラエル、サウジアラビア両国との関係を悪くしてしまったため、結果的にイランによる地域的な影響力拡大に手を貸してしまったのではないかという批判が、保守派を中心に絶えなかった。

駐イラン大使館人質事件以降、アメリカ国民のイランへの不信が根強いのは前述したとおりだ。ハフポストとユーガブの調査を前段でも紹介したように、アメリカ人の71％がイランはアメリカの脅威であると回答し、そのうち36％は深刻な脅威だと２０２０年１月時点で答えているのである。イラン核合意についての懐疑論は、アメリカに根深く存在していたはずだ。また、トランプ氏自身が対イラン核合意に強い不信感を持っていたことも、周知の通りである。したがって、トランプ政権は、サウジアラビアとイスラエルの距離を縮め、イラン包囲網を作っていくことを企図した模様なのである。

トランプ大統領が２０２０年１月28日に発表したイスラエルとパレスチナの中東和平案は親イスラエル色の濃い内容であった。エルサレムの帰属を一方的にイスラエルに認める内容となっている。また、パレスチナが旧市街のある本来の東エルサレムではなくて、その周辺の町や村を1つだけ選んで首都を建設するという案も非現実的だ。それをトランプ氏は東エルサレムを首都とするパレスチナ国家と呼ぼうというのであるから、パレスチナが反発するのは当然なことであろう。

それでも極めてイスラエル寄りの政策を打ち出すのは、イスラエルがアメリカと同様に、あるいはアメリカの何倍もイランを恐れているという共通認識に根差したものだ。2019年春のピュー・リサーチセンターの調査によれば、イスラエル国民は58%の割合でイランを最大の脅威として挙げている。これはイスラエル国民が指摘する国としては断トツとなっていて、イランの次に来たのはレバノンの10%であったから、差は大きい。さらに、2017年春の調査では、中東の国々の中でイランが10年前に比べて影響力を増したと思うかという質問に対しては、レバノン国民の79%がイエスと答え、ヨルダンでも61%、イスラエルでは53%、チュニジアで41%、そしてトルコでも37%となっており、圧倒的なパーセンテージでイランの影響力拡大を認めているのだ。

イスラエルとの関係は、国内のキリスト教保守福音派がもたらす有権者の票の多さのみならず、イランへの根深い不信感と脅威がイスラエルひいてはサウジアラビアとの親密な外交スタンスに影響をあたえているとみられる。トランプ大統領の和平案について、イランの最高指導者ハメネイ師は、「トランプの余命より短い（間に消える）だろう」と早速ツイッターに書き込みをした。

中東和平は、アメリカの歴代大統領の大きな懸案事項でもあり、目標ともなってきた。

そしてそれぞれの大統領は、それぞれの方法で中東和平を目指してきた。かつては1970年代後半、当時のジミー・カーター大統領が、イスラエルとエジプトの首脳を大統領の別荘（キャンプ・デービッド）に招き、エジプトとイスラエル間の合意を促進して、ヨルダン川西岸とガザ地区におけるパレスチナ自治政府に対する支援を求めた。

また、ビル・クリントン大統領の時代には、1993年に交渉が始まったイスラエルとパレスチナの合意（オスロ合意）に向けて力を尽くし、限定的なパレスチナ自治と統治をもたらしたものの、最終的な和平合意には至ることができなかった。

そしてジョージ・W・ブッシュ（子）大統領は、イスラエルと共存するパレスチナ国家の樹立を初めて提唱した大統領だった。国連や欧州連合、そしてロシアを巻き込んだ戦略である「和平のロードマップ」を策定し、中東和平を実現しようとした。これには、停戦、パレスチナ人の経済回復、そして最終的な地位協定を含む3つの段階が含まれていた。2007年の中東和平国際会議では、ロードマップを最終的に取りまとめて実現させようと、イスラエルとパレスチナのリーダーがメリーランド州アナポリスに足を運んだが、やはり条約締結に至ることができず、再び紛争に突入してしまった。

そこで、バラク・オバマ大統領が登場する。まず初めに、イスラエルとパレスチナを交渉のテーブルに戻す努力をした。ネタニヤフ首相はここで初めて、将来のパレスチナ国家樹立の可能性を認めたが、オバマ氏がイスラエルとパレスチナの国境線は「第3次中東戦争前の1967年合意に基づくべき」としたことに反発して、交渉の前提となる入植停止を拒み、交渉は頓挫してしまった。パレスチナ自治政府大統領のマフムード・アッバス氏がイスラム原理主義組織・ハマスと和解しようとしていたことも、交渉が失敗する原因になったとされる。

このように中東和平においては、どの政権も苦労と失敗を繰り返している。トランプ氏は対イラン政策に関する演説の中で「中東の石油はもはや必要でない」と言い切ったこともある。アメリカがエネルギー自給率を高め、中東政策の優先順位を下げようとする姿勢も示唆しながら、アメリカから見ればテロの元凶となっているイランへの厳しい姿勢が際立つ。それは同時に、イスラエルとの接近を意味することにもなり、トランプ政権が続く限り、この大きな枠組みは壊れそうもない。

「歴史的」だったUAEとイスラエルの国交正常化がもたらす波紋

その法則に則った上で、トランプ大統領も中東和平に乗り出した。大きな動きが報じられたのは、大統領選挙を目前に控えた8月13日のことだった。アラブ首長国連邦（UAE）がイスラエルとの国交正常化を表明したのだ。

イランがミサイル開発のみならず、中東の周辺国に潜む武装組織に支援をし、そのことによって中東での影響力を高めているという共通認識が、今回の合意のベースにある。トランプ大統領は、この国交正常化を「歴史的」と絶賛し、尽力した娘婿で中東和平担当のクシュナー氏と特別な記者会見も開いた。両国はワシントンで調印式に臨むとされ、大統領選挙に向けても格好の手柄となる。

一方でパレスチナは、このニュースに驚き反発した。中東和平はパレスチナをどうするかの問題であり、イスラエルに対抗してきた中東諸国はパレスチナを支援する立場で一致してきた長い歴史があるのだ。イスラエルは今回、ヨルダン川西岸のパレスチナ自治区にあるユダヤ人入植地やヨルダン渓谷の一部併合を停止としたが、目ざましい譲歩ではない。

それなのにUAEが動いた背景には、自国経済発展の優先があった。自国第一主義という新しい姿・認識は、パレスチナをめぐるアラブの連帯をも変化させるのかもしれない。

もしこれにスーダン、モロッコ、バーレーン、サウジアラビア、オマーン等が自国第一を掲げて続くとなれば、中東和平の構造が変わることになる。さらにアメリカは6月、パレスチナに今後10年間で500億ドルの経済支援計画を発表した。当面、サウジアラビアは国内事情を理由にまだ慎重な姿勢を崩していない（9月初旬時点）が、アラブ世界の事実上のリーダーが将来的に追従する可能性もゼロではない。そうなると、イラン包囲網ができあがることにもなる。

トランプ政権は、休むことなくイラン包囲網の構築に果敢に取り組んできた。イラン核合意から離脱したアメリカが、イランへの国連制裁を完全復活させるための手続きに着手したのも8月だ。安保理議長国から否定的な反応を受けてはいるが、思わぬ効果も出てきた。それまで特定の施設で国際原子力機関（IAEA）の核査察を拒んできたイランが、孤立を避けるべく、査察受け入れを発表したのだ。

イランは中国やロシア、トルコ等とも関係が深い。イラン核合意では欧州諸国もアメリカの独走を憂える。アメリカが反対しても10月にはイランへの武器禁輸措置が解除の時を迎える。中東諸国にも自国第一主義の波が訪れてきたように見える。この自国第一主義は、地域を安定と安全に導けるだろうか。そんな不安をよそに、中東でもいよいよ既存の国際秩序が崩れ始めようとしている。すでに憚《はばか》られることさえない自国第一主義の先陣は、トランプ氏の唱えるアメリカ・ファーストである。

トランプ氏のロシア肩入れは中ロ関係に楔《くさび》を打ち込めるか

トランプ大統領は、アメリカがホスト役となる２０２０年のＧ７サミットにおいて、ロシアや韓国、オーストラリア、インドも招待したいと発言した。これまでもトランプ氏は、ロシアを含めてＧ７をＧ８に戻すべきだと何度となく主張している。大統領のロシア疑惑からはじまり、トランプ政権のロシアに対する警戒の低さや対応には、ヨーロッパの同盟国からもいかぶる声が挙がると同時に、人権等の面からもロシアへの警戒感はアメリカ国民の間でも広く共有されている。それにもかかわらず、なぜトランプ大統領がそれほどロシアに肩入れするのかは不思議な現象だ。

2019年1月27日、トランプ大統領は、ロシアのプーチン大統領に近い富豪のオレグ・デリパスカ氏と関係のあるロシア企業3社への経済制裁解除を行った。共和党議員の間でも、ロシアへの弱腰は非難の対象になったが、それでも大統領は制裁解除に突き進んだ。実際にはアルミ価格が高騰して困っていたヨーロッパ諸国に配慮した結果だったようだが臆測を呼んだ。米議会では解除反対の決議が賛成多数（賛成362反対53）で可決し、上院でも共和党から11人の造反が出たくらいだったが、解除阻止には至らなかった。実はそれ以前にも、米議会はロシアに接近するトランプ大統領を危惧していた。それだからこそ、2017年8月にロシアへの制裁を緩和または解除する場合は、議会の承認を得ることを義務付ける法律を制定したほどなのである。

ロシアは経済的には韓国より少し大きい規模であり、近年は石油価格の暴落もあって決して経済大国ではない。ましてや中国の巨大な経済力の前には、比較の対象にさえならない。それでもロシアは、かつての軍事大国というイメージや、その当時の政治介入および軍事介入の遺産があるため、国際関係においては一定の影響力を維持している。第2次世界大戦の戦勝国として核兵器を持ち、国連の常任理事国であることも、ロシアを実際よりも大きく見せる要因になっていよう。その上、ウクライナでの紛争や、クリミア半島をロシア軍が実効支配するなど、力による現状変更を行ったせいで、アメリカを含めた西側諸国の経済制裁を受け、同国の経済をさらに苦しめている。おそらく2016年のアメリカ大統領選挙にロシアが介入した動機も、トランプ氏なら経済制裁の解除を迫れる可能性があると読んだのかもしれない。

小さい経済規模のロシアであるが、米議会も国民も警戒は崩さない。それはアメリカの民主主義への挑戦を今でもロシアが続けているからである。サイバー攻撃や選挙への介入など、現在のロシアはかつてのソ連のイメージと重なる部分さえある。かつて、ソ連末期にゴルバチョフ大統領の「ペレストロイカ(改革)」でロシアの市民社会は育ち始めていたが、それも今はしぼんでしまっている。NPOなどの規制強化は、連邦法修正などによって強められてしまったままだ。ロシアも中国もイデオロギーや体制としては、ほとんど変わらない存在ともいえる。それでもトランプ大統領は、実利を追求する姿勢を崩していない。

そんな中、中国とロシアの接近が注目を集めている。2019年6月上旬にロシアを訪問した中国の習近平国家主席は、ロシアとの連帯を深める共同声明に署名した。それのみならず、約30件の経済案件にも合意が成立した。この時、ロシアのプーチン大統領は、アメリカが中国に貿易・ハイテク戦争を仕掛けていると批判し、習主席に共闘を誓ったのである。北朝鮮やイラン問題でも、中国とロシアは歩調が合っていて、共にアメリカへの牽制に舵を切る傾向にある。ロシアの経済的苦境を鑑みれば、中国接近もやむを得ぬ選択ということになるのであろう。

ロシアはGDP（国内総生産）にして中国の約8分の1、人口ともなれば、約10分の1であり、国力の差は急速に広がる一方である。本来であればロシアは、旧ソ連圏の中央アジアが、中国の経済力の傘下に収まってしまうことを心配しなければならない立場にある。ウズベキスタン、トルクメニスタン、キルギスといった国々でも、2018年に入ると最大の貿易相手が中国に取って代わった。キルギス、タジキスタンでは、中国からの直接投資の累積額が首位だし、対カザフスタン投資でさえ、中国はロシアを抜いた。経済だけならまだしも、安全保障でも中国の勢いに押されるのは、ロシアも気持ちの良いものではなかろう。このような状況を鑑みるに、トランプ大統領がロシアに近づき、中国とロシアの蜜月に楔を打ち込んでおくことは、中国の大国化に脅威を抱いているアメリカにとっては、ある意味合理的ともいえる。

トランプ氏が狙う対ロシア政策は実現性が低い

さらに現在は、ロシアもアメリカも石油輸出国である。そのせいもあって、2020年3月31日には、トランプ大統領がプーチン大統領と電話会談をした。歴史的な安値続きの原油相場を何とかすべく、エネルギー市場の安定に向けて協議することが双方の利益である点で一致した。トランプ氏もプーチン氏もエネルギー価格の低迷に不満である。トランプ氏は当時、協調減産を見送ったサウジアラビアとロシアを名指しで痛烈に批判もしていた。アメリカではシェールオイル生産者がコロナ禍の影響と価格下落によって消滅する危機に瀕しているからである。さらに軍縮の協議でも、ロシアとアメリカが協力して中国を引き込むことができれば、軍拡競争を防ぎ、経済的には双方の利益になるはずなのである。そう考えれば、今やロシアとの共通利益が存在しないことはない。

それでも、アメリカ国内でのロシアへの警戒感は、あまりにも強い。トランプ大統領がいくら先走っても、国内政治がなかなかついて来そうもない。中東問題にしても、トランプ大統領が負担の軽減を優先したいのであれば、ロシアにいったん任せて、その負担の大きさにロシアが疲弊していくのを待つということも理論的には可能だ。トランプ氏個人にしてみれば、中東でどのような勢力が政権に就こうとも、紛争が収まる強力な政府さえいてくれれば問題はない。イスラエルでさえ、トランプ大統領の中東和平案が公表されるなり、2日後にはロシアに飛んでプーチン大統領と会い、氏の理解を求めたくらいである。パレスチナやイランの牽制にはロシアが役割を果たせそうだと踏んでいるからだ。

ロシアはソ連時代からの名残で、ロシアにコミットしている勢力が中東にも多い。ただし、アメリカの価値観とは相いれない勢力を支持している場合がほとんどだ。したがって、ロシアの勢力拡大につながるようなトランプ氏の選択が見え隠れすることは、アメリカ国内では、価値観や人道的な意義および過去からの軍友などとのつながりという意味でも、大いに警戒されるのが実状だ。それは、ロシアがいくら経済的に脅威でないとはいえ、北朝鮮がそうであるように、核兵器からサイバー攻撃に至るまで犯罪的な手段さえ用いて、アメリカを常に困らせる国であるには違いなく、間違えると直ぐにでも大きな脅威にもなり得る国だからである。ピュー・リサーチセンターの２０１８年７月の調査では、68％のアメリカ人がロシアに不信感を持っていると回答している。

しかしながら、このまま中東派兵でアメリカが疲弊し、さらに中国との連携にロシアを押しやってしまうのは、果たしてアメリカにとって得策であろうか。欧州の危機意識を共有するのであれば、アメリカがロシアに近づくことは困難であるものの、そうかと言ってロシアと中国を結託させることは、さらに危険な結果を招く可能性もあるのである。それでも、アメリカ議会およびヨーロッパの意向を鑑みれば、トランプ氏の思うような対ロシア政策は、まだまだ実現しそうにはない。ロシアが信頼に値する国となることが先なのだろう。

ＥＵとの亀裂が深まればＧ７のプレゼンス低下につながる

トランプ政権にとって、ＥＵは変化させるべき対象であり、戦後の秩序をそのまま継続はできないと考えているようである。２％以上の防衛費支出をＮＡＴＯ各国に求めていたトランプ大統領だが、ドイツはそれに遠く及ばない。それだけが理由ではなさそうだが、ついに２０２０年６月に入ってからトランプ政権がドイツ駐留のアメリカ軍を大幅に削減すると発表した。人数も具体的で、３万４５００人から２万５０００人まで減らすとのことだ。この意図を説明したロバート・オブライエン安保担当補佐官は、「ドイツのような大規模な基地に大勢の部隊を駐留させる冷戦時代の慣行は時代遅れだ」と述べている。冷戦時代の秩序はもはや必要ないとなれば大きな方針転換となる。同時に、削減される兵力のうち、数千人を日本やハワイ、グアムなどに配置する可能性があるとも付け加えている。これは中国が念頭にあるようだ。

こうした経緯に至ったアメリカのフラストレーションも、世論調査の結果などを吟味すると理解できる部分がある。たとえばドイツに関していえば、２０１９年９月のピュー・リサーチセンター調査によると、45％のドイツ国民が米軍のドイツ駐留は重要ではない、あるいは全く重要ではないと回答している。どちらかというと重要としたのは52％だった。反対にアメリカ人に質問すると、何と85％が重要だと回答し、重要でないとしたのは13％のみであり、こうした感覚の違いが双方のストレスの原因になっている可能性もある。また想像に難くはないが、65歳以上のドイツ人では61％が駐留米軍の重要性を認識しているものの、18歳から29歳の層になると、それが33％にまで落ち込む。

NATOの方に目を転じてみると、この軍事同盟について2017年のピュー・リサーチセンターの調べによると、アメリカ人の62％は好感を持っていた。12の他のメンバー国では、好感度の低かった順に、トルコ（23％）、ギリシャ（33％）、スペイン（45％）、イタリア（57％）、フランス（60％）、ハンガリー（60％）、英国（62％、これはアメリカと並ぶ数字）、カナダ（66％）、オランダ（78％）、ポーランド（79％）となっている。平均すると61％が好意的に受け止めており、不信感を持つ者は24％だった。

NATOメンバー国の国防費は、2017年当時にアメリカがGDP比で3・57％、ギリシャが2・36％、英国が2・12％、エストニアが2・08％で、他の国々はNATOガイドラインの2・0％を下回った。ドイツは1・19％であった。同時に、有事にはアメリカがNATO同盟国の防衛に一役買ってくれると信じる割合は、平均では68％という高さだった。アメリカでは、56％の人はNATO同盟国がロシアからの攻撃を受けた場合、米軍を送るべきだと回答している。共和党支持者の間ではこれが69％、民主党支持者では47％となっている。

ＥＵは経済をブロック化することによって、アメリカなどの大国に対する交渉力を高めるために邁進してきた。しかしイギリスが脱退を決めたことで、またそれをトランプ氏が支持したことで、ポピュリストの意向が強くなってきている傾向がある。これはいわゆる自国第一主義であり、移民に厳しく多国間での協調を忌み嫌う傾向がある。トランプ氏は、通商拡大法２３２条（安全保障の脅威になる場合に発動できる）を用いて、同盟国に対しても鉄鋼・アルミの関税を上乗せした。また自動車輸出国でもあるドイツなどを念頭に、自動車関税25％アップ等の言葉も飛び交わせ、ＥＵに対してアメリカの望む交渉に応じるようにプレッシャーもかけてきた。しかしながら、そうした手法は欧州の反感も買った。トランプ政権になってからは、Ｇ７の共同声明にも「保護貿易に立ち向かう」という例年の文言を挿入できなくなってしまった。このまま欧州との亀裂が深まってしまうと、Ｇ７の存在意義も問われることになろう。このままでは、これまでの国際秩序を保つのが難しくなる。

デジタル課税や、環境とエネルギーの問題、中国への寛容さ、そして軍事費などに関しても、欧州はアメリカに比べてリベラルである。その事実もトランプ大統領とはなかなか折り合いがつかない原因になっている可能性がある。

さらに、アメリカ離脱後のイラン核合意を巡り、維持に向け一定の協力をしてきた欧州とイランの亀裂も深まっている。一時は、英独仏が国連制裁の再開に道を開く手続きに着手したのだが、ボリス・ジョンソン英首相が一転して、イランとの新たな取り決めを目指すトランプ米大統領に同調する姿勢を示し、イランの核兵器開発阻止をうたった。それにトランプ大統領もジョンソン氏に向かってツイッターで「同感だ！」と返している。

アメリカの外交政策を左右する軍事関連予算

アメリカにおいて、毎年予算額を審議することができるのは、総予算の3割程度にあたる裁量的経費である（義務的経費は法律がそれを規定しているため自動的に支出額が決まってしまう）。そして裁量的経費の予算規模の中でも最大の割合を占めるのが、国防費だ。

2020会計年度を例にとれば、裁量的経費全体の57％を占める国防費以外では、退役軍人のための経費が7％、健康厚生関係が7％、教育が5％、国土安全保障が4％となっている。教育にいくら影響を及ぼそうとしても、57％の国防費に比べて、5％のシェアでは政府と関係の深い組織、団体、企業などを育てるのは難しい。一方で大きな予算が毎年支出される国防費は、当該の歳出法を練る連邦議員たちにとっても、また行政府の現場の人間にとっても、影響力と結びつきの大きさが増すのが自然な帰結だ。

したがって、共和党に限らずアメリカ政府・議会と米軍の関係は自ずと深くなる。特に、予算策定の際に国防費の増額を声高に訴えるのが決まって共和党であり、そして教育費や健康厚生関係費などの支出増を主張するのは民主党の場合がほとんどであるため、軍事産業を含めた業界団体や組織が、どちらかの政党に近くなる傾向が出ることは理解しやすい。また、特に国防費は大きな予算額であるため、米軍は長期にわたって企業に対していろいろな兵器開発要望も伝えることになる。結局は政府の予算に従った産業支援の色合いもつながっていくのが、軍事費である。

ビジネスに配慮する政策立案志向が強いのも、共和党である。したがって、産業政策と軍事を同時に考えるという発想も共和党に強い。また政治家の中には退役軍人としてのバックグラウンドを持った者が多いのもアメリカの特徴でもある。まず現在の第１１６議会の議員選出時、全部で96人の退役軍人が当選した。そのうち66人が共和党で、30人が民主党である。伝統的に共和党は強い安全保障と国防費増を唱えるため、軍事との親和性が高い。上院議員は100人中19人、そして下院議員は435人中77人となっている。そのうち女性も7人当選している。2人の重複含め50人は陸軍関係、17人が海兵隊関係、また17人は空軍関係、13人が海軍関係、1人がコーストガード（海上警備隊）である。

ただし退役軍人たちは、基本的に超党派的な支持を得るタイプのグループに属す。二分された政治の中では非常に珍しい存在だ。古くさかのぼれば、1930年には退役軍人の福利厚生に特化した退役軍人省が設立されている。またGI Bill of Rights（復員軍人援護法）が1944年に整備され、これは大きな政府を嫌う保守層からも大いに支持され、超党派で成立した。現在もこの法律の下で退役後に奨学金を支給したり生活の一部を支えたりしている。国のために命を懸けて奉仕した人々という意味合いと、アメリカ的な価値の推進役として多くの尊敬を集めるという特性も併せ持つ。また軍事技術の発展や軍事産業の振興についても他のキャリア出身の議員よりも理解を示す傾向があるのは、想像に難くない。

特に国防予算の増額を主張するのは共和党議員であることから、軍事産業が距離を縮める確率が高いのも共和党議員となる。インターネットなど民間に開放されて広まった軍事技術もあり、軍隊はイノベーションや研究の宝庫としても高い価値がある。昨今の中国の軍事的台頭は、逆に民間の技術を軍事転用している側面もあることから、アメリカでは商業的な民間技術にいたっても安全保障の技術流出につながる懸念が増しており、政治と軍備はますます相互依存を深めていくと考えられる。

第4章

中国の前で迷走する民主党外交

中国に圧力をかけて変化させるだけの力を持っていない

トランプ政権における高い評価として、日本では特に、中国に対する厳しい態度が挙げられる。これが、日本にとってのトランプ資産であるという言葉も、安全保障面に関わる人々から聞こえてくる。日本は自ら中国に制裁関税を課したり、人権問題でも何ら制裁的なアクションを起こしたりしていない。それどころか、習近平国家主席を国賓として招くことの方に興味があるようだし、中国の広大な市場を狙って、多くの企業が中国との連携に希望を抱いている。それなのにアメリカにだけ、中国に厳しくしてほしいと願うのは、いかにも矛盾した話である。

日米関係は、アメリカの対中政策抜きにしては語れない。そのアメリカでは現在、政党の枠を超えて中国に対する見方が厳しくなっている。とりわけ2020年3月にアメリカで拡大した新型コロナウイルスの問題では、中国の隠蔽体質が党派を超えて強く批判されており、中国を国際裁判所に訴えて賠償をさせるべきだという議論さえされ、議会調査局はその法的および現実的な可能性について調査報告書を作成しているほどだ。

トランプ政権の対中政策は、領事館閉鎖や追加関税など、見た目の派手さと強硬姿勢が目立ってはいるが、その土台となっている法律の多くは、議会が超党派で成立させたものであるため、これは政権交代が起こってバイデン政権が誕生したとしても、変わらない部分となる。また、民主党は人権に関して非常に敏感である。ナンシー・ペロシ下院議長も、チベットの問題について長年、関心と関係を深めてきた。オバマ政権下の2016年に、「貿易円滑化・貿易執行法」など、国を特定せずアメリカ国外で強制労働や児童労働などで採掘・生産された外国品のアメリカへの輸出規制を立法した。このような人権侵害に関する関心の高さと中国問題が重なり合う構図になれば、民主党政権が誕生した場合、トランプ政権以上に中国と根の深い対立に向かう可能性もある。

もしバイデン政権が誕生した場合、バイデン氏の外交の支えとなる可能性のある専門家たちも、大いに中国批判を展開している点に留意しておきたい。たとえば、民主党政権では常に重用されているカート・キャンベル前国務次官補（東アジア・太平洋担当）とイーライ・ラトナー前副大統領副補佐官（国家安全保障問題担当）が共著で『フォーリン・アフェアーズ』誌に寄稿した2018年の論文は「対中幻想に決別した新アプローチを——中国の変化に期待するのは止めよ」という厳しいタイトルとなっている。その中で、「外交や通商面でのエンゲージメントも、軍事力もアジア・リバランシング戦略も効果はなかった。リベラルな国際秩序も、期待されたように中国を惹きつけることも、つなぎ止めることもできなかった」と明言した。そして「アメリカの多方面での期待が間違っていたとした。さまざまな働きかけで中国が好ましい方向へ進化していくという期待に基づく政策をとるのはもう止めるべきだ」とも指摘。ただし「中国を孤立させ、弱体化させようと試みるべきではないし、内政をよりよい方向へと変化させようとすべきでもない」とも言っている。その根拠として「アメリカの力をもっと謙虚に見据える必要がある」からだというのだ。つまり、中国に圧力をかけて変化させるだけの力をアメリカは持ち合わせていないことを自覚するべきだとしている。それは確かに、現実的かつ等身大のアメリカである可能性も高い。それと同時にかつての中国への関与政策は全てを間違えていたと、この2人も認めている。

その点では、トランプ政権のポンペオ国務長官が7月23日、カリフォルニア州のニクソン大統領記念図書館で行った演説と同様である。

同じく『フォーリン・アフェアーズ』誌の2019年9月には、カート・キャンベル氏とともに民主党政権で要職が噂されるジェイク・サリバン氏が、共著で論文を執筆している。「中国と協力する時代は終わりを告げたという考えが民主党内のコンセンサスになりつつあることは正しい方向だ」とし、トランプ政権の「中国と戦略的に競争する」方針に賛成だとしている。ただしもっとこまやかに目配りされた機微や知性を使って競うべきだと述べている。民主党の専門家らは、中国の人権問題や南シナ海をめぐる領有権問題にも危機感を抱いており、米中の緊張がさらに高まる余地もある。

また、オバマ政権最後の国防長官だったアシュトン・カーター氏も、中国に対しては厳しい見解を披露している。2018年に彼が、ハーバード大学ケネディースクールが出版する雑誌に寄稿した内容によれば、中国と何度対話しようとしても埒《らち》が明かないことが分かったため、南シナ海における「航行の自由作戦」の着手についてホワイトハウスに何度も具申をしたけれど、そのたびにオバマ大統領とスーザン・ライス補佐官国家安全保障問題担当が拒否したとされる。それでも結局は2015年の終盤になって実行に移されることになった。その地位に就き経験して分かることは、カーター氏が実感したように、中国には軍事的圧力以外は何の効き目もないという現実のようである。

中国問題は、2020年大統領選挙の争点でもあり、選挙戦中はどちらの候補が中国に厳しく対応できるかを競う構図にもなった。トランプ大統領は、バイデン氏が中国に対して温和な政策を志向していると攻撃するための広告を量産し資金投入している。バイデン氏のことを「Beijing Biden」（北京のバイデン）と呼んで、息子のハンター・バイデン氏の中国でのビジネス問題に有権者の目を向けることにも余念がない。トランプ大統領からすれば、大統領選で重要な接戦州であるペンシルベニア州の有権者を味方につけるためにも、中国とバイデン氏の近しさをアピールすることは有効な手段ととらえている。

バイデン氏は中国がWTOに加盟する際もそれを支持したし、パリ協定もバイデン氏が支持していること、そしてトランプ氏の追加関税に批判的なバイデン氏こそ、中国共産党に対する最大のプレゼントだと主張している。6月下旬のニューヨーク・タイムズ紙とシエア大学の世論調査によれば、激戦州であるアリゾナ州、フロリダ州、ノースカロライナ州、そしてペンシルベニア州の有権者は、中国への対応についてバイデン氏よりもトランプ氏を信頼するという結果がでている。

9月初旬時点ではバイデン氏は、まだ対中国政策を総合的に構築して発表するには至っていない。しかし年初からの選挙戦を通して、中国に関する政策の一端がさまざまなところに表出してきてはいる。7月初めにはアメリカの経済政策にからめ、中国の一方的な経済的優位性に対して徹底的に戦っていく姿勢を表明し、また特に香港をはじめとした人権問題で徹底的に対峙するための方策を練っているとした。中国に医療用具のサプライチェーンで依存することを止めるとも宣言し、3000億ドルの予算をアメリカのR&D（研究開発）および教育に充てて、中国に負けない土壌を築くのだという。

バイデン氏の選挙対策本部で外交政策を担当するアントニー・ブリンケン氏は、トランプ政権と違うアプローチとして、同盟国との共闘の重要性を挙げる。中国に対抗するにはアメリカ一国ではなく、同じ価値観を共有する国々と協力する必要があることを主張し、選挙戦に反映させている。

2015年から2017年にかけてオバマ政権のバイデン副大統領の下で国家安全保障アドバイザーを務めたラトナー氏は「トランプ政権のせいで中国の立場は強くなりアメリカの立ち位置は弱くなった」から「バイデン氏の政策の核心部分はアメリカが中国の上をいくことだ」とも述べている。

こうした立ち位置を大統領選候補者たちが打ち出す背景には、アメリカ国民の中国に対する厳しい見方がある。ハーバードCAP／ハリスによれば、アメリカ有権者の53％が中国を敵であると考えており、70％の人は中国が国際社会に緊張をもたらしているとし、さらに60％は、中国が新型コロナウイルスを世界に拡散させた責任を取るべきでありアメリカの貿易政策を搾取していると回答している。国民の多くが感じている問題について、選挙で候補者がその逆を主張することはないだろう。大統領の座を射止めてからも、極端に国民の認識と違う政策を取ることは難しいであろう。

したがって、バイデン政権がもし誕生しても、中国に対する厳しい姿勢は変わらないだろうという見方が強くある一方で、共和党のトランプ大統領とは必ずしも同じアプローチにはならないことも確かである。特に新政権が誕生するとなると前政権の政策を批判しての登場だけに、同じアプローチは避ける傾向が生まれる。中国に関しても、たとえば、オバマ政権で国家安全保障会議のアジア担当上席部長を務めたエヴァン・メディロス氏（現在はジョージタウン大学アジア研究担当教授）は米メディアに「中国が戦略的競争相手であることは全く変わらない。しかしバイデン氏はおそらくトランプ劇場のような対立アプローチを選択しないだろう。それでも中国に利用されないよう毅然とした立ち位置を築ける」と述べている。

鍵を握る2人の女性閣僚候補

さて、本当にそうなるのだろうか。激戦州でトランプ氏の方が中国対応に関しては信用が高い。さらに8月まで副大統領候補として名前が挙がり続けていたライス氏は外交・安保で中国寄りとされるが、実際には黒人女性のカマラ・ハリス氏が指命された。彼女はジャマイカ系の父親とインド系移民の母親を持つ、いわゆるマイノリティーだ。黒人女性を起用して民主党の多様性の象徴と位置づけて、大統領選の鍵を握る女性やマイノリティーの支持を拡大させるという計算も垣間見える。実際、米紙USAトゥデーの世論調査では、副大統領候補に黒人を選ぶのが重要だと回答したのは、民主党支持者の72％にも及んでいた。

さて、そのハリス氏だが、両親がマイノリティーゆえ、公民権運動に力を入れてきた姿を幼い時から見てきた。幼少期にハリス氏に対し、両親が何が欲しいか尋ねたところ「フリーダム（自由）」と答えたという逸話も残っている。カリフォルニア大法科大学院を修了、サンフランシスコ地区の検察官などを経て、2011年に同州司法長官に上りつめた。2017年にカリフォルニア州選出の上院議員に就任するや、検察官時代に培った論戦力で瞬く間に頭角を現すことになる。

カリフォルニア州司法長官時代に警察改革を推進、不法移民の子どもの救済制度維持などに力を注いだ。マイノリティー＝左派というイメージがあるが彼女は中道派の側面もある。

しかし、バイデン氏と一枚岩といえるかは疑問が残る。2019年6月の大統領候補指名争いの討論会で、人種差別解決策に関する問題で「バイデン氏が反対した」と主張。徹底的にバイデン氏を追い詰め、バイデン氏が反論できずに言葉を失う場面もあった。バイデン氏は仮に大統領になったとしても2021年1月の就任式時点で78歳。2期目は82歳となるため出馬はないと考えるのが普通だ。その場合、ハリス氏は次期大統領民主党の最有力候補者となる確率が高くなる。さらに民主党内にも彼女の野心家ぶりを懸念する声も数少なくない。

仮に、バイデン政権が誕生した場合の不安材料は他にもある。あくまで仮説だが、国務長官や国防長官にライス氏を選んだケースだ。ライス氏は、2013年11月にジョージタウン大学で行った「アジアにおけるアメリカの将来」という演説の中で、中国政策に関して「中国が提案した大国間関係という新しいモデルを円滑に運用できるよう模索しているところだ」と述べた。オバマ氏と家族ぐるみの付き合いである筆者の友人は「彼女はバイデン氏と個人的にウマが合うし、政権運営で長時間を共に過ごした」と証言する。ただし「これは公には言えないけれど、口が悪くて気性の激しい女性で、人に対して直ぐにFから始まる言葉を口にするので、恐ろしい」とも付け加えていた。いずれにしても、そのような女性が国務長官や国防長官になれば、米中関係への影響は必至と映る。バイデン氏個人の対中政策よりも、スタッフを重んじるバイデン氏だからこそ、閣僚や側近の対中政策が、バイデン政権では重みの増す可能性が高まる。

中国と対峙することで解決が困難になる環境問題

他にもバイデン氏の中国政策について気になる要素は残る。たとえば、国内的に中国の協力を必要とする政策アジェンダを成功させたい場合の、中国へのアプローチだ。民主党の予備選挙の様子を見ても分かるように、バイデン氏に比べて遥かにリベラルな勢力が民主党内には存在し、それらを取り込まねばバイデン氏が大統領になる望みは小さくなる。

そうすると外交や安全保障の重要性は低下する危険性がある。おそらく民主党でも中国の人権や通商の保護主義では強い対策を打ち出すかも知れない。しかし国防費を教育費に挿《す》げ替えるべきだとして、常に国防費削減を訴えるのは共和党でなく民主党である。アシュトン・カーター氏も中国と対峙してみて気付いたように、結局のところ中国が聞く耳を持つのは軍事的な圧力である可能性が高い。その場合に、どこまでアメリカが本気で中国と対峙できるのかは、疑問として残ってしまう。

さらなる心配は、民主党が共和党との政策的差異を誇る環境問題などの影響である。トランプ政権はパリ協定を離脱してでも、従来のエネルギー資源である化石燃料などを後押しし、共和党支持者も環境問題には関心が低い傾向がある。しかしながら民主党では状況が異なる。バイデン氏の政策チームには、サンダース上院議員が呼び込んだとみられるアレクサンドリア・オカシオ＝コルテス下院議員などが環境政策を練るポジションに就いている。こうした政策の実現は当然ながら中国を巻き込む必要のある地球規模の政策課題であり、中国との対峙が際立っていては解決に向かうことはできない。

他にも、中国やアジアに詳しい研究者や外交専門家らが"China is not an enemy"（中国は敵ではない）というトランプ大統領と議会への公開書簡をワシントンポストのOp-Edに寄稿した際、共同筆者のテイラー・フラヴェル、J・ステイプルトン・ロイ、マイケル・スウェイン、スーザン・ソーントン、そしてエズラ・ヴォーゲル各氏の他に、多くの賛同者が名を連ねた。たとえば、ジェームズ・スタインバーグ、ジェフリー・ベイダー、イアン・ブレマー、ジェラルド・カーティス、デイヴィッド・ゴードン、リー・ハミルトン、カーラ・ヒルズ、ミッキー・カンター、チャールズ・カプチャン、マイク・モチヅキ、ジョセフ・ナイ、ストローブ・タルボット他各氏である。基本的には、現政権のやり方は逆効果であること、対中デカップリング論ではむしろ米国が孤立する怖れがあること、そして気候変動など国際システムへの中国の関与は不可欠であることを主張。こうした声は、どちらかというとバイデン政権になったほうが反映されやすくなる可能性はある。

さらに、バイデン氏自身の中国とのつながりも、トランプ政権のような対峙の仕方が薄れることを示唆するものがある。息子のハンター・バイデン氏が中国企業と深い関係を持ち、中国政府からも優遇されたことだけでなく、バイデン氏本人の中国との縁も政治家として当然ながら長い歴史を持つ。バイデン氏が副大統領だった時代、習近平氏も副主席だった。２０１１年から始まり約18カ月間の間に、少なくとも２人は８回の会談をアメリカまたは中国の地で行ったとされる。さらに元政府高官で２人の会談に数回同席したダニエル・ラッセル氏によると、２人は少なくとも総計25時間は会食に費やしているという。バイデン氏は持ち前のフレンドリーさで習近平氏と和やかに過ごし友情をはぐくんだように見えたという。しかし実際には、バイデン氏は習近平氏の独裁者的側面を読み取り、そのままオバマ大統領に伝えたのだという。それがきっかけで、オバマ政権の中国に対する見方が変化した、とかつてのオバマ大統領の側近たちがニューヨーク・タイムズ紙に語っている。バイデン氏は習近平氏のことをプライベートでは悪漢と呼んでいるとも語られた。そのバイデン氏は37歳だった１９７９年に中国の鄧小平氏とも会っている。

このように、バイデン政権が誕生した場合、中国に対する政策には少なくとも表面上ソフトさが加味される可能性は否定できない。ただし、アメリカの政策は行政府だけが主導していわけではない点に留意が必要だ。トランプ氏が２０１８年６月に中国ＺＴＥへの制裁を、習近平主席との電話会談後に取り止めると言い出した時も、その年に国防権限法でＺＴＥの逃げ道をふさいだのは議会による立法であった。この２０１９会計年度国防権限法は当時、超党派で圧倒的な支持を集め、たとえ大統領が拒否権を発動しても議会が３分の２の票で覆せるだけの総意が形成されていた。その他にも数々の対中国立法措置が議会で講じられたが、１人の共和党下院議員が反対票を投じた以外、ほぼ上下両院の全会一致で法案が通過していることは、民主党内でも中国への厳しい目が確かに存在すると考えてよい。

たとえば「香港・人権民主主義法」は１９９２年の米国－香港政策法に定められた原則を再確認したもので、制定後90日以内および２０２３年までの毎年、香港におけるアメリカの利益に関する条件について国務長官に報告書作成を義務付けた。基本的自由を抑圧したりなどの事実が見つかれば、その人間のアメリカ国内にある資産を凍結し、アメリカへの入国も拒否することができる。評決は以下のとおり。

・２０１９年11月19日　上院通過（全会一致）

・2019年11月20日　下院通過（417対1）
・2019年11月27日　トランプ大統領署名、成立。
また、中国の国家安全法が成立して香港の民主主義が脅かされることが決定的となった後は、議会が急遽「香港自治法」も成立させた。これによって、アメリカ政権が香港の自治の侵害に関わった中国や香港当局者と取引をする金融機関に制裁を科せるようになる。制裁対象に指定すれば中国の金融機関のドル取引を禁じることも可能だが、トランプ政権が肝心のＳＷＩＦＴ（国際銀行間通信協会決済システム）で香港や中国を除外する究極の手段にまでは至っていない。議会での評決は、党派を超えた支持が際立つ。
・2020年6月25日　上院通過（全会一致）
・2020年7月1日　下院通過。（全会一致）修正あり
・2020年7月2日　上院にて（全会一致）承認
・2020年7月14日　大統領が法案に署名、成立
これが成立すると、トランプ大統領はさらに加えて、2020年7月14日の同日に、貿易などに関し香港に与えた優遇措置を廃止する大統領令に署名した。

「ウイグル人権法」も、議会が先陣を切った対中国への厳しい立法措置だ。これは、アメリカ政府に弾圧や人権侵害に関わった人物のリストを作成して議会に報告するよう求め、それらの人物にビザ（査証）発給の停止や資産凍結といった制裁を科せるようにするものだ。弾圧に用いる顔認証などの先端技術を使った製品の対中輸出制限も提案している。評決は次のようであり、一人の反対は共和党の下院議員だった。バイデン氏を支持する民主党議員も、中国には極めて厳しい姿勢をとっている。

・２０１９年12月　類似の法案を可決（４０７対１）
・２０２０年５月14日　上院で可決（全会一致）
・２０２０年５月27日　下院で可決（４０７対１）
・２０２０年６月17日　大統領署名、成立

対中法案に民主党と共和党の差は見出せない

他にも、まだ投票には至っていないが「南シナ海・東シナ海制裁法案」を議会は審議している。これは２０２０年５月23日に共和党のマルコ・ルビオ上院議員（フロリダ州）とト

ム・コットン上院議員（アーカンソー州）が、民主党のベン・カーディン上院議員（メリーランド州）と共同で提出したものである。この時点ですでに多分に党派を超えている。立法されれば、中国が領有権を主張する中国沖の海域の実効支配をやめさせることを目的に、ASEANの1つまたは複数の加盟国が領有権を主張する海域で「平和、安全保障、安定を脅かす行為」をした個人に対して、アメリカ国内にある金融資産の凍結、ビザの取り消しまたは申請却下といった制裁を科すことが、アメリカ政府に義務づけられることになる。

その他「外国企業説明責任法」は既に上院で全会一致にて可決され、下院で審議が進んでいる。成立すれば、企業の監査をアメリカ公開会社会計監督委員会（PCAOB）が検証することを求めることになる。すでに通過している「2018年外国投資リスク審査近代化法」（FIRRMA）および「輸出管理改革法」（ECRA）も、議会が主導したものであり、中国を実質的なターゲットとしてみなしている。どの対中国法案をとってみても、民主党と共和党の差は、ほとんど見出せないのである。

また上院外交委員会では、民主党のランキングメンバー（少数党の筆頭委員）であるロバート・メネンデス上院議員が、民主党側のスタッフに作成させたレポートが存在する。7

月21日付になっているが、中国が情報通信機器のハードウエアとシステムを海外にも輸出することを狙っている点、よってデジタル全体主義が国際化して制度化される点、さらにこれによって人権抑制と民主活動の監視を加速させて独裁体制を強化する点、およびベネズエラ、エクアドル、ザンビアなどの独裁国家が中国モデル模倣の誘惑にかられている点などが指摘されている。そしてアメリカ国内でこれに対抗する立法措置として官民を協力させたり、サイバー軍事士官学校などの教育機関や、バイデン大統領が誕生すればサイバー攻撃を阻止するための閣僚ポストが必要だという提言も出している。これが民主党からの提言であることに留意する必要がある。

このような議会の動きを認識するにつけ、結局のところ誰が大統領になろうとも、アメリカはおそらく立法手段を駆使して中国に厳しく対処するということであり、仮にバイデン政権が誕生しても、立法府の認識や方針は、大きく変わりようがないことを示唆している。同時にトランプ氏でさえも、自国経済に決定的な打撃にならない程度のレベルで中国を叩くことで、国民の歓心を買うことに徹しており、ソ連時代のような経済のブロック化が存在しない中で、完全な米中デカップリングはなかなか難しい。トランプ政権と同様、バイデン政権であってもその困難さは大きくは変わらないであろう。

経済的余裕と楽観的な将来が約束されたかつてのアメリカには戻れない

トランプ氏が２０１６年大統領選挙を戦った際、日本を含めたＴＰＰからの離脱を公約とした。民主党候補者のヒラリー・クリントン氏も、当初はオバマ政権が推進したＴＰＰの賛同者だったはずだが、選挙戦を戦う中で反対に転じた。それは国民が求める政策の方向性が選挙を通して顕在化したともいえる。それでは、もしバイデン政権が誕生した場合は、ＴＰＰを推進していたオバマ政権の立ち位置に直ぐに戻り、複数国が合意する貿易協定に帰ってくるのであろうか。

民主党支援者のオリジナルの傾向を見れば、それは簡単なことではなさそうだ。少なくともひとまずは、ＴＰＰを再交渉していくとの立場をバイデン氏は示唆しているが、歯切れの悪い理由は、大統領選挙の接戦州となる中西部ラストベルトの有権者に代表されるように、アメリカの労働者には自由貿易やグローバル化に対する不安や憤りが高まっていることを承知しているからだ。またバイデン氏は生涯、自らを「アメリカ人労働者の擁護者」

という立場を取り続けてきた。その彼が1993年のNAFTA採決時に賛成票を投じたことは、有権者の非難にもつながっている。トランプ選対はこの点を強調するためのコマーシャルを多く流しており、TPPを含め賛成の傾向があるバイデン氏が本当に労働者の味方なのかと問いただすものとなっている。

中国についても、たとえば左派のバーニー・サンダース上院議員は、予備選挙でバイデン氏の対中姿勢を批判していたことがある。サンダース氏がSNSに投稿した言葉の中には「中国をアメリカの主要な経済的競争相手ではないと見せようとするのは誤っている」とし中国がWTOに加盟してから中国共産党政権が貿易に参入し、そのせいで「アメリカの300万人以上の製造業の雇用が失われた」と主張したのである。これはトランプ大統領の保護主義と共通する点があり、左派の支持が必要なバイデン氏は、必ずしも自由貿易に舵を切れる環境を、簡単に作れない可能性がある。

バイデン氏はトランプ大統領との差異を表現するためにも、国際協調路線に戻り、トランプ大統領が原因となったアメリカの信頼の失墜を修復するための政権運営をすると公言している。その意味では、一定の国際協調は戻ってくると期待していい。しかし、トランプ政権の誕生をもたらしたアメリカの本質や時代の要請が完全に変化したわけではなく、バイデン氏は急進派かつ労働者層の不満を反映して保護主義的な要素も体現する必要があり、かつての経済的余裕と楽観的な将来が約束されたかつてのアメリカに急に戻ることは困難だ。

自由貿易の枠組みという意味で最も重要になるのは、WTOの扱いであろう。トランプ政権では上級委員会の委員任期切れの際に後任任命を認めず、実質的に最上位の審議機能がストップしている状況だ。バイデン政権が誕生する場合、この任命問題はおそらく解消する。しかしながらWTOでは中国が途上国扱いとなり貿易の優遇策を享受しているため、そのような問題が解消されない限り、にわかにアメリカや（あるいは日本にも）満足のいく組織改革にはなり得ない。政権が変わってもそうした課題は残される。ただし、バイデン政権はトランプ政権批判の意味からも、トランプ氏の手法とは違うパターンを見せつけることになろう。その1つが国際協調の姿勢である。おそらく多くの国と協力関係を築くことによって中国が公正な行動をとるように強制しようと努めるのであろうが、中国も対抗してこよう。

アメリカの批判を受けて、WTOはようやく改革の重い腰を上げつつあるが、道半ばだ。たとえば、上級委員会改革の司法積極主義が加盟国の権利を侵害している点について、納得できる改革に至っていない。また交渉ルールについての問題も加盟国の利害対立が激しく、合意への道のりは遠い。そして行政機構としての機能強化も課題になっている。WTOは加盟国の政治的思惑などが原因で硬直化が目立つようになってきており、日米が中心となって通知の改善など罰則を伴う改善案を提出したのだが、途上国の反発があり実現していない。

また、トランプ大統領が提唱したアメリカ・ファーストの手法は他国にも引き継がれ、合意形成はますます難しくなっている。米中の対立は新型コロナウイルス発生の責任追及問題まで絡み、カナダのロブスター関税やEUのデジタル課税、中国によるオーストラリア産牛輸入規制や大麦の追加関税など、すでにWTOルール軽視には歯止めがかからない状況に陥っている。そこへ突然バイデン政権が登場したとしても、利害対立を繰り返す各国に対しリーダーシップを発揮するのは、一筋縄ではいかないと推測される。ましてや新型コロナのパンデミック時代を迎え、生命や健康に直結する医療物資や防護具、食料に至るまで、輸出制限をかける国が出現しているのだ。本来ならば通常の輸出を継続するべきところ、パンデミックの名のもとに自国第一の視点から普段の貿易を阻害する横暴がまかり通る現実を前に、本来果たすべきルールに基づく自由貿易は大きな危機に直面している。

米中のような大国が、ルールに則らず自らの力による支配を目指すように一旦方向付けられると、それを逆転させるだけのインセンティブ（動機付け）が必要になる。バイデン氏にそのインセンティブを「反トランプ」という根拠に求めるのは、無理筋というものだ。結局のところ、中国という大国が本当の意味でフェアなプレイヤーになることが、唯一の根本的な解決策ということにならざるを得ず、成功の見通しは必ずしも明るくはない。

アメリカのプレゼンスを低下させる中ロの接近

ブッシュ（子）大統領が２００１年に大統領として就任するや否や、早々にオーバルオフィスに招いた上院議員がバイデン氏であった。ブッシュ氏はテキサス州知事の経験はあったが外交については未だ初心者であった。そこで、旧ソ連から中国に至るまで、世界中のリーダーたちと面識を持つバイデン氏の見識を聞いて、共和党とはまた違う世界観と感触を知ろうとしたとされる。政党の差はあっても、バイデン氏もブッシュ氏も親しみやすいタイプだったことが、こうした会合が可能になった理由だろう。

バイデン氏が37歳で初めて鄧小平氏に会った時、中国のリーダーがソ連をひどく恐れていたことが印象に残ったという。彼は同年1979年にソ連を訪れた。その時ブレジネフ書記長らソ連のリーダーと面会した。2009年のモスクワでのプーチン大統領との会談は、バイデン氏がロシア大統領の肩に手を載せ「目を見て申し上げますが、あなたには魂がない」と言ったと、バイデン氏は公にも語っている。

ロシアは現在もアメリカから経済制裁を受けている。当初は、トランプ大統領にその解除の期待も抱いたようだが、アメリカ国内全体および米議会にはそのような意向は全くなく、トランプ大統領もロシア疑惑などの問題を抱えて思うようにロシアのプーチン大統領と交渉することはかなわなかった。

その間に、プーチン氏は習近平氏に接近する構図になってきている。前述したように中国の「香港国家安全維持法」について、2人が2020年7月8日に電話協議した際、プーチン氏が支持を表明し、外国による内政干渉への反対や主権の維持に向けて連携すると表明した。同時にアメリカを念頭に置いて「中国の主権を害するいかなる挑発にも反対する」とした。両氏は、それぞれの任期を事実上なくす方策を講じている点でも共通点が多く、中ロの接近はアメリカに対する牽制という意味でも連携し易い土壌がある。

さらにロシアは、米中の対立の隙間をぬうように、東南アジア諸国への武器輸出を拡大していることも気にかかる。インドネシアにはロシア製戦闘機「スホイ35」の販売に熱心だし、すでに2018年の売却契約では11億ドル11機を契約済みだ。またベトナムとも軍事協力を模索し、潜水艦などを輸出した。ラオスには2020年に戦車などを納品した。2010年から9年間にロシアは、ASEAN諸国の武器調達に占める割合を、その前の10年間の24%から28%に上昇させた。一方でアメリカの方は23%から18%に低下しているので、アメリカにしてみれば心穏やかではない側面がある。ASEANで8%を占める中国と比べてもロシアは最大の武器輸出国といえる。中国の脅威に連動する形で、ロシアの輸出が伸びているという指摘もある。

宇宙の支配をめぐっても、ロシアはアメリカや中国とも競争を激化させている。主に相手国の衛星を破壊・妨害する兵器の開発や、ハッキングなどに力を入れる。宇宙の軍備管理となると未だ国際法が未整備であるため、宇宙での紛争が勃発する可能性に、中国と同様、ロシアへの不信感は簡単には拭い去れない。そして米ロの軍縮に関する条約や協定は期限切れを迎え、アメリカが何とか中国を含めた軍縮にもっていきたいと意図しつつも、中国がそれに応じていないが故に、米ロも軍事力拡充に舵を切らねばならない状況が続いている。仮に米ロの合意を見たとしても中国がこれに加わる可能性は今は低い。

1991年に旧ソ連が崩壊してからというもの、アメリカがロシアを安全保障上最も注目するという時代は過去のものになった。東欧もNATOに加盟するまでに変化した。2000年代はエネルギー資源の確保のみならずテロとの戦いで、アメリカの関心は中東に集中した。ところがその後、アメリカがシェール革命でエネルギー資源輸出国に転じると、中東への関心は薄れていく。その間に中国は経済力と軍事力を一気に増大させた。バイデン氏が副大統領を務めたオバマ政権は「リバランス」あるいは「ピボット」と呼ばれる政策で、ヨーロッパ重視の政策からアジア太平洋にバランスよく配置するように方向性を変えた。このリバランスの理由となったのが主に中国である以上、ロシアが中国に接近すれば、アメリカにとってロシアへの制裁解除や協調という選択が難しくなってしまう。

また、議会民主党が主導したアメリカ大統領のロシア疑惑調査をめぐり、トランプ氏本人の関与は証明できなかったが、ロシアが米国の選挙に干渉しようとしたことが多くの証言や証拠で確認されている。クリミア半島併合など、ヨーロッパにとっては現在でもロシアが脅威であるし、民主主義への挑戦という意味では、何よりも米議会が警戒をしている。2017年、ホワイトハウスが慎重な姿勢を示していたロシア、イラン、北朝鮮に新たな制裁を科した際、既存の対ロシア制裁の緩和もしくは解除には大統領が議会の承認を得なければならないと決めた法案は下院で賛成419票、反対3票、米上院で賛成98票、反対2票で可決した（反対票を投じたのはランド・ポール上院議員とバーニー・サンダース上院議員のみ）。大統領の拒否権をも覆す圧倒的多数で通過したため、大統領もしぶしぶ署名している。それを受けてロシアは報復措置として、ロシア駐在の米外交官の数を455人に大幅削減し、米国務省もサンフランシスコにあるロシア総領事館およびワシントンとニューヨークにある公館の別館を閉鎖するようロシア政府に求めたほどである。

したがって、民主党政権になった場合にも、こうした方向性が緩むことはないだろう。またトランプ大統領がロシアに接近したくてもできない状況であったことを鑑みると、議会でも超党派の意思決定がロシアに関しては働き続ける可能性が高い。ましてや中ロ蜜月のような状況になれば、ロシアに対する心証はさらなる悪化が懸念される。

アメリカのＴＰＰ復帰を望むイギリス

英ジョンソン首相は、ブレグジットを推進する首相として選ばれ、とうとう欧州連合（ＥＵ）から離脱することが決まった。イギリスは今後険しい道のりを歩むことになるが、ブレグジットを賞賛していたトランプ大統領が、もし1期で終わることになると、さぞかしジョンソン首相は気落ちするのかとも思える。

しかしながら、ニュースサイトの『ビジネス・インサイダー』によれば、イギリスの閣僚が「トランプ氏が再選されない方が、大幅に物事がやりやすくなる」と語ったことが報じられている。イギリスのある上級外交官も、同紙に「バイデン大統領の誕生によってトランプ一家の欲得ずくの腐敗に終止符を打つことができる」と語った。

これを総合するに、イギリスとしては必ずしもトランプ氏勝利を期待しているという状況でもなさそうだ。ただ、ブレグジットに限れば、バイデン氏は反対の立場ではあった。

バイデン氏はジョンソン首相をトランプ大統領のクローンだと発言してしまったこともあると報道されている。ただ、ジョンソン首相とトランプ大統領の間にある問題点のほうが実は遥かに大きいようである。次世代の通信規格である5Gの整備についても、ジョンソン政権はファーウエイ排除の方針でアメリカから圧力を受けた。またジョンソン首相がそれを当初拒否していたことから、トランプ大統領に激怒され電話もガチャ切りされたという報道もある。結局イギリスはアメリカのファーウエイに対する制裁ゆえにファーウエイ排除を決めた。その間に、ジョンソン政権はトランプ大統領との新たな貿易協定を結ぶことには意欲を失っていったという。その最大の原因は、アメリカとの貿易協定によってイギリスの食品規格が大幅に影響をうけてしまいイギリスの有権者がそれを脅威に感じたという点があるらしい。また「トランプ政権に脅かされて手を打つのは避けたい」とさえ主張しているようだ。そして保守党のある高官によれば「イギリス政府は、もしバイデン氏が勝てば米英二国間貿易協定を結ぶ必要がなくなる。ＣＰＴＰＰ（アメリカ離脱後、11カ国で発効されたＴＰＰ）に参加すれば済むことだ」という意見もあるとのこと。イギリスから見たら、その意味も含めて、アメリカ、特にバイデン政権にはＣＰＴＰＰに復帰してほしいというのが願いのようだ。必ずしもトランプ政権を頼りにはしていない様子がうかがえる。

もしバイデン政権が誕生するとしたら、新大統領はアメリカの同盟国に対しては大いに外交努力を再開していくと彼自身明言している。ただ、バイデン氏が副大統領だった時代に締結された2015年成立のイラン核合意さえも、トランプ政権が離脱を決めたことで履行停止状態に陥っている。こうしたことを、オバマ政権時代の何倍もかたくなになってしまっている相手国に元のさやに戻ろうと説得できるのか、バイデン氏の手腕が問われる。

大きくかつ根深い不信レベルにまで発展したイランなどのケースは、バイデン氏にとっても一筋縄ではいかないだろう。ただ、専門家や側近の意見等は、大統領によって再び重視されるようになるだけでなく、トランプ氏が介入して混乱に陥った司法省をはじめとした各行政組織は従来の伝統的な意思決定プロセスに多少は戻ることができよう。そしてヨーロッパの国々にとって、何より評価するようになるのが、気候変動対策の国際的な枠組みにアメリカが再び戻ろうとしてくれることである。

バイデン氏が大統領になれば、「アメリカの高潔な信念を取り戻す」と約束はしている。

そうした変化はヨーロッパ諸国には願ってもないことである。バイデン氏は、EUとの関係を深め、最も深刻な競争相手である中国に対峙する方策に出る公算が大きい。その場合、なかなか中国との近しいビジネスから距離を置くことのできない企業や国は、バイデン氏のアプローチによって、却ってジレンマに陥ることになる。

混迷する中東と北朝鮮問題への関心は下降傾向

中東に近いヨーロッパの主要国にとっては、アメリカがテロとの戦争を通してこれまでのように中東で力を尽くしてくれることを期待し、バイデン政権になることを望む向きもあるかもしれない。しかし、トランプ政権同様、バイデン政権もそこまでの余力はないと考えるべきだろう。

そもそも「リバランス」政策で、ヨーロッパ重視の政策に変更を加えようとしたのは、オバマ政権である。オバマ政権がイラクからの米軍撤退を決め、シリアの内戦にも介入しないという方針を決めた時から、中東離れは徐々に進んでいたといえる。当時、副大統領だったバイデン氏は、オバマ大統領以上に中東での軍事作戦に慎重だったとされ、アフガニスタンへの増派にも反対するほどだったといわれる。

民主党の重要なアジェンダに環境政策があり、その意味ではトランプ政権ほど自国の化石燃料掘削を推進したり石油に頼った経済を推進したりする方向にはならないとされる。それでも中東の重要性が復活するほどには死活的な利益にはならない可能性が高い。中東の不安定化やロシアの進出を恐れるヨーロッパにしてみれば、バイデン政権が誕生してもおそらく昔のような軍事的な配備に戻ることは困難だ。

クリントン政権時、1990年代中盤は北朝鮮への武力行使が実際に行われる一歩手前まで緊張した時代があった。それに比べるとオバマ政権では「戦略的忍耐」政策の下、実質的にはアメリカが大きく動くことはなかった。その後、トランプ大統領の登場とともに2017年末に緊張がピークに達し、その後一転して米朝首脳会談へとつながっていった経緯がある。その後現在に至るまで、アメリカ国民の北朝鮮への関心は下降傾向にある。

オバマ政権の安保担当大統領補佐官でバイデン氏の副大統領候補として名を連ねたスーザン・ライス氏は、2017年に『ニューヨーク・タイムズ』紙への寄稿で、北朝鮮の核保有を前提とし、核抑止の準備で対抗していくべきだという主張を展開したことがある。

北朝鮮の非核化は現実的に既に不可能であり、軍事力などを使って非核化すること自体非現実的だから、もっと現実味のある核抑止が有効だという論点だった。このような立場の側近が国務長官か国防長官か大統領補佐官になる場合、よほどバイデン氏自身の見解が北朝鮮に対して明快でない限り、そうした意見に引きずられる可能性は否定できない。

若者に支持されるベーシック・インカムを提唱するアンドリュー・ヤン氏

「アンドリュー・ヤン氏の人気が民主党予備選でどうして上がったのか、全然わからないねえ。でも確かに選挙後はテレビのコメンテーターになったしねえ。月額1000ドル支給のアイディアが受けたのかなあ」

というのは、とある国で大使をしていた民主党支援者だ。昨年のオバマ政権の同窓会に行った話をしてくれた際に、そんな感想が飛び出した。一方で、民主党予備選挙が始まったばかりの時から「20人以上いる民主党候補の中でダントツは、ヤン氏だ」と言っていたのは、日系2世で現在は下院の委員会で仕事をしている友人だ。

アンドリュー・ヤン氏は、1975年生まれの45歳。台湾からの移民2世で、中国本土からの移民ではない点に留意したい。実業家、作家、政治活動家、元弁護士という多様な顔をもつ。若年層へのアクセスツールとしてライブストリーミングが主体の会社トゥイッチのパートナーにヤン氏がなったことで、一部の若者に教祖的な人気がある。ただし、全国的に知名度を上げた理由は、何といっても彼の福祉大国志向の政策である。全国民に生活費を支給するユニバーサル・ベーシック・インカムを提唱したのだ。具体的には、18歳以上の全てのアメリカ国民に月額1000ドルを支給する「最低所得保障」だ。

ベーシック・インカムの必要性は、ITが発達してAIが普及すると、多くの人が仕事を失うという社会の未来図が前提となっている。したがってこの「最低所得保障」のアイディアは、先進的な産業革命を追求する経営者であるフェイスブックのマーク・ザッカーバーグ最高経営責任者（CEO）やテスラのイーロン・マスクCEOも支持を表明したことがある。ITの発達による失業の不安は、国民の間にも非常に根強い。ピュー・リサーチセンターが行った世論調査によれば、アメリカ人の82%が「ロボットやコンピューターによる自動化で雇用が奪われる可能性がある」と回答していて、何と、テロや経済格差への不安を上回ったのである。またワシントンDCにあるブルッキングス研究所によれば、

2030年までに米国の全雇用1億5000万人のうち、その25%が機械によって自動化されてしまう可能性があると予測している。

ヤン氏は、この最低所得保障のことを、「自由の配当（The Freedom Dividend）」と呼んで、大統領選挙の政策公約に掲げた。そのことによって、現状の政治に満足できない層や、特に理想主義に燃える人々に熱心に支持されたとされる。そしてヤン氏は「民主党の仲間に忠告しておきたいのは、トランプだけが、全ての問題の根源ではない。彼はアメリカが抱える病気の症状の1つに過ぎない」と述べ、アメリカ社会が抱える問題の根本原因を追及する姿勢を見せた。アメリカの問題を解決するには、収入の格差を是正し、貧困問題を緩和することが肝心だというわけである。民主党予備選挙では挫折したが、その弁舌や先進的な社会改革の発案が注目されて、CNNの政治コメンテーターに抜擢されている。

彼の論点が面白いのは、アメリカの失業や経済格差の原因についてトランプ大統領が不法移民などを指摘しているのに対し、ヤン氏はITなどによる技術革新が原因だとした部分だ。国民皆保険などを支持する一方で共和党が掲げる富裕税廃止や公立学校を選択制にするなどの政策も支持しており、是々非々の姿勢を見せている。

このように台湾系アメリカ人が大統領選挙の予備選で注目されることは、今までになく新しい出来事だった。アメリカではアジアからの移民も増えており、国勢調査データによると、アジア系米国人は人口の5・9％を占めるようになった。それに呼応するかのように、米議会のアジア系は18人に達している。下院では14人が民主党で、1人が共和党、上院では3人全員が民主党の所属だ。ここでも、政党の違いと特色が見えてくる。有色人種の議員のうち、90％は民主党に所属し、共和党に所属するのは僅か10％である。したがってアジア系の多くの議員が民主党に所属することにもつながっているし、台湾系のヤン氏が民主党から出馬したのも、自然な流れといえるだろう。ただし、民主党の中だけで評価が上がったとしても、全国区の大統領選挙で勝つにはまだまだ不十分だ。

米議会にアジア系アメリカ人が増えることは、政治面でアジア系の活躍が増すことにもつながる。その延長線上には、いつしかアジア系が大統領の指名候補になることも夢ではない。ただしヤン氏の場合は、まだ時代が早かった。2019年夏の民主党テレビ討論会後に3％という支持率で健闘が認められたものの、上位3人からは遠く及ばなかったのだ。翌年2月11日のニューハンプシャー州予備選まで選挙戦を続けたが、結局は本人も大統領になる確率は限りなく低いという現実を認め、選挙戦から離脱した。

政策的に非常に先駆的なアイディアを持ち、民主党内での討論会で注目も集めたヤン氏は、人種問題よりも社会・経済政策や環境政策を集中的にアピールした候補だった。しかし、ヤン氏が撤退するに至った経緯は、アジア系がアメリカの大統領に選ばれるまでには、今後も非常に長い時間がかかりそうであることを示した。ヤン氏は台湾系だったが、もし中国本土からの移民であったならば、そもそも大統領を狙うことさえ非常に困難だったに違いない。中国系の移民が政治的なリーダーシップをアメリカで発揮するには、まだまだ大きな時代的変化を待たなければならないであろう。そして全国区の大統領選挙では、無党派や共和党支持者の間からも、支援者が生まれることが望まれる。

第5章

日本の板挟みが加速する

辞任した安倍前総理の特筆すべき功績

モリカケ問題における公文書改竄に始まり、菅原一秀経産大臣の公選法違反疑惑（辞任、不起訴）、河井前法相夫妻の逮捕・起訴、新型コロナウイルスの初動で戦略の欠陥、失笑を買ったアベノマスク、東京高検検事長の強引な定年延長問題（後に廃案）、冷房と暖房を同時にかけないでと言われ、東京だけが除外された「Ｇｏ　Ｔｏ　トラベル」キャンペーン。憲法53条で規定されているにもかかわらず、臨時国会は頑なに開こうとせず、記者会見も官僚の書いた〝作文〟を読み上げ、まともに質問に答えないなど、新型コロナウイルスを機に安倍晋三総理大臣の信頼度は地に落ちた感は否めない。報道各社の世論調査でも軒並み不支持率が支持率を上回り、結局、「持病の悪化」を理由に任期を1年以上残して2度目の辞任を発表するに至って急に支持率が上がったのは周知の通りである。

内政ではさまざまな問題を孕んで、批判の声が多かった安倍前総理だが、しかし、こと日米関係に関しては一定の評価を与えても良いと筆者は考えている。民主党政権時に冷え切った（と見事にラベル貼りに成功した）日米関係を修復させ、特にトランプ政権になってからの蜜月関係は類を見なかった（一部、トランプ氏のＡＴＭと揶揄する声もあるのは確かだが）。

まずは、こんな証言から紹介したい。

「ホワイトハウスの高官も、安倍総理並みの技術を学んで大統領を手なずけないと仕事は務まらないね」

ブッシュ（子）政権だった頃、ウエストウィング（ホワイトハウスの大統領執務室がある西棟）で経済政策を担当していた筆者の予算委員会時代の元同僚は言う。彼は、トランプ政権からある省の副長官へというオファーがあったが、ブッシュ元大統領に報告の上、辞退した。

２０２０年6月23日に発売されたジョン・ボルトン前安全保障担当大統領補佐官の回顧録にも記されているとおり、安倍前総理は、後に登場する英国のジョンソン首相と並んで最もトランプ氏の心をつかんだ人物とされる。トランプ氏の政治・外交経験の欠如のみならず、アメリカ・ファーストのスローガンや同氏の差別的な発言、また同盟国への厳しい要求などに対して、各国のリーダーは自国民への配慮を示す必要性から、トランプ批判に転じることもあったが、安倍前総理は決してそれをせず、トランプ氏との関係構築に全力を注いだ。

トランプ氏の当選直後には、各国首脳に先駆けて大統領就任前にニューヨークを訪ね、その後も20回の首脳会談、32回（もっと多いかもしれない）の電話会談、そして5ラウンドのゴルフで親交を深めた。今のところ後にも先にも、トランプ大統領がゴルフを楽しんだ外国首脳は安倍前総理だけである。

谷内正太郎前国家安全保障局長によれば、電話もトランプ大統領からかかってくるほどであるし、国際会議でも安倍前総理の意見を頼りにし、癒しを求める存在だという。それが北朝鮮外交にも活かされ、安易な平和宣言や核兵器の容認につながらなかったというくだりは、ボルトン回顧録に詳しい。

たしかに、外交においてトップ同士の個人的な人間関係は大事だ。しかし安倍前総理の作戦は、日本としての計算、および国民の多数派の意向も反映されている。ある意味、日本もアメリカも、それぞれの国力低下と経済力低下のプロセスの真っただ中にある。戦後アジアで唯一の高度成長国であった日本は、今や中国の経済成長に追い抜かれ、他のアジアの国々にも追い付かれている。最低賃金はメキシコ並みとなり少子化も止まらない。1997年の消費税増税から実質賃金は下がり続け、自信を失っていく国のスローガンは「日本を取り戻す」とか「美しい日本」となり、ナショナリズムが台頭する。

アメリカのトランプ政権誕生も、アメリカの衰退や格差拡大などの国内問題と無縁ではなかろう。「Make America Great Again」やアメリカ・ファーストのスローガンは、衰退プロセスへの抵抗であり警告となっている。ナショナリズムやポピュリズムは自然発生するのではなく、一定の背景が作用して力を増していく。自由・人権、民主主義や法の支配などのリベラルな風潮や国際主義は、自国第一主義というポピュリズムに反撃される。これはアメリカの衰退と軌を一にしているものである。

アメリカ経済の衰退は日本の安全保障の不安につながる

アメリカが大きく自信を失った曲がり角のシンボルは、2001年の9・11同時多発テロであっただろう。アメリカはそれまで、漠然とした自信や寛容の精神をまだ残していた。筆者のように永住権をもっているだけで、議会の国家公務員として10年も雇ってくれる余裕や寛大さがあった。

しかし9・11テロは、アメリカの安全保障や軍事力に大きな脆弱性があったことを証明した。その後、筆者も上院予算委員会でその変化をつぶさに経験したように、国土安全保障省を議会主導で創り、組織や予算作成の仕組みも変更し、外国人に対して真綿で締め付けるように徐々に厳しい目が向けられるようになっていった。２００７年にはサブプライムローン危機が発生し、２００８年のリーマンショックへと発展していった。その時に破格の財政出動で世界経済を救ったのが中国であった。これは、中国の自信へとつながっていくことになる。

そして経済危機を境に、アメリカ国内の経済格差はますます拡大する方向を示し、トランプ大統領の登場を歓迎することになる。２０１６年の大統領選挙結果は、ヒラリー・クリントン候補の好感度の低さと不人気も大きな影響を与えたのは確かだが、ヒラリー氏が古いアメリカの秩序や政治を継承する国際主義かつリベラルな立場を主張するワシントン政治の本流であったことが、アメリカの衰退に対処するリーダーとしての役割を託すに足りなかったことになる。変革を期待できないヒラリー氏に比べ、少なくともトランプ氏は、米国の衰退を憂え、移民問題や貿易の不公正、そして世界の警察官を辞めることや、中西部ラストベルトの取り残された人々が憂える問題を理解し、古き良きアメリカを回復することを約束して登場した。黒人初の大統領として誕生したオバマ政権のリベラルさは政治の分断と反動を生み、トランプ政権を誕生させる流れに加速がついた。日本の総選挙による政権交代が、後にその反動を生み、保守長期政権を支える国民を多数派にした流れとも、共通する側面がある。その基盤にあるのは国家の衰退であり、余裕の低下である。

経済の衰退は、日本の安全保障への不安につながる。日米同盟を安保の基盤にする日本にとって、アメリカの大統領が誰であれ、より良好な関係を希求するのは日本人の心情であり、合理的な方向性である。

日本の首相であれば、まずは個人的関係を築くことがスピード感を示す意味でも有効であるし、国内的にも政治的なポイントを上げることになる。しかしそうしたくても、アメリカはあらゆる国から注目されているため、日本以外の国と競争が激しくなるのが普通だし、国際政治の環境が逆風となる場合もあり、必ずしもスムーズにいくわけではない。しかし、多くの先進国首脳と調和できないトランプ大統領の誕生は、日本にはチャンスだったといえる。安倍前政権はそれを十分知りつくした上で、果敢に個人的な関係づくりに挑んだというわけだ。

個人レベルでは、トランプ大統領は基本的に、強いリーダーたちを好む。おそらくトップダウンでのディールをし易いと感じているのかもしれない。トップダウン色が強いリーダーといえば、たとえば習近平国家主席やプーチン大統領、そして金正恩委員長だ。しかし国益という側面では相いれないものが大きいため、ほとんど役には立っていない。そこへいくと、日本の立場やアジェンダはアメリカとの親和性が極めて高い。ましてやトランプ氏の非伝統的な知識や振る舞いに、他の先進諸国首脳が戸惑い不信感を高めるならば、競争相手が減るという意味でもなおさら日本は比較優位を得る千載一遇のチャンス到来だった。

それを逃さずに得た安倍総理のトップ同士の個人的関係は、日本にさまざまな利益を生んだといって良いだろう。その中でも有益だったのは、問題や交渉の先送り効果である。日米FTAはTAG（物品貿易協定）の名目の下、ルールに基づく多国間交渉という日本の基軸を曲げた禍根は残るとはいえ、第1段階だけの合意として包括的な交渉を先送りした。25％と言われた自動車関税は欧州にも及んでいないので、必ずしも日本に緊急事態だったとは想定できないが、それでもTAGが最悪の結果を避けたという政府の自己評価は存在する。また日米安保の基本をトランプ大統領が脅かすことを食い止めているという評価も、日本の中では存在する。

反エスタブリッシュメントであり反エリートを掲げるトランプ大統領が、もし2期目を担うことが決まれば、政策決定のトップダウン傾向はさらに強まる可能性が高い。それは3期目を期待して動く必要がなくなるため、よりトランプ氏の本質が表れ易くなるからである（ただし国家全体の政策決定には議会が日本より遥かに大きな役割を果たすため、日本の統治機構を参考にしてアメリカを語ることはできない）。

そこで大事なのは、言うまでもなく、トランプ氏の2期目があるとしたら日米の首脳同士の良好な関係を、どのように日本国民の利益に生かすのかという点である。同じ衰退プロセスの傾向を持つ国家同士とはいえ、トランプ大統領の側はアメリカとして、個人的関係だけで物事が決まるわけではないのは当然だ。米議会がどのような政党バランスになるのかは、11月の大統領選挙の最大の要注意点として残る。誰が大統領でも、自国での政治的利益を自身の政治利益と勘案し、国家間のかけひきが行われる。特にトランプ大統領はアメリカ・ファーストのみならず自分ファーストの傾向も強いため、個人的関係を単純に国家レベルで語るところも一筋縄ではいかない。

　ましてや、トランプ大統領との個人的関係を気に掛けるあまり、日本としての当然のリクエストが先送りになっているものもある。たとえば、アメリカの安全保障を脅かすという理由で2018年8月に施行された追加関税の鉄鋼（25％）とアルミニウム（10％）は実害が少ないとはいえ、安全保障の理由を取り下げてもらっていない。それどころか、他のどの国も同様の追加課税に対してWTOに提訴し、ルールに基づいた国際貿易というスジを通す行動に出たが、日本はそのスジさえ主張していない。さらに、25％の自動車関税という案もまだ完全に取り下げられたわけではない。また、北朝鮮のミサイル実験の数々を、長距離弾道ミサイルではないからアメリカに届かないとして、トランプ政権は黙認したままである。これらは、明らかに日本の国益に反する。

　今後はさらなるハードルが待ち受けるであろう。たとえば、米軍駐留経費負担の問題や、日米FTA交渉で自動車関税の問題がどうなるのか、さらには中国との覇権争いに日本がどのように関与するのかという点などだ。トランプ氏が大統領選挙前にオクトーバーサプライズ（選挙直前の10月に、有権者の投票行動さえ変えうる予期せぬ出来事）として、北朝鮮問題でスポットライトを浴びるために終戦宣言に乗り気になる可能性も、まだ残っている。拉致問題の解決もどこまでトランプ氏の協力が機能するか悲観的な向きもある。

首脳同士の個人的な関係が、どこまで国民の利益に還元されるのかという問題は、トランプ大統領の2期目にその真価が見えてくることになろう。それでは、2期目にはどのようなハードルが待ち受けるのであろうか。

ボルトン回顧録に書かれた「思いやり予算」増額要求の真相

2020年度の在日米軍駐留費（いわゆる「思いやり予算」）は、日米地位協定による負担と特別協定による負担に分類することができる。まず、日米地位協定による負担では、提供施設整備費として207億円、労務費（福利費など）として266億円の合計473億円となる。特別協定による負担は、労務費（基本給など）で1287億円、光熱水道料金などが223億円、訓練移転費を10億円とし、合計で1520億円となっている。2020年6月に刊行されたボルトン氏の回顧録によると、トランプ大統領は約8600億円（80億ドル）要求と示唆されているので、上記の2020年度の「思いやり予算」をベースに計算すれば、４・３倍ということになる。

　現在の米軍駐留経費については、さまざまな負担割合の議論が存在する。たとえば防衛省は、２０１５年度の在日米軍駐留経費について日本側の負担割合は86・４％と試算したと、２０１７年の衆院予算委員会で提示している。総額は約２２１０億円で、そのうち日本が約１９１０億円を支出したということが計算の根拠となった。しかしながら当時の稲田朋美防衛相は「必ずしも（米側の負担項目が）全て入っているわけではない」と説明し、国防総省が２００４年に発表した米軍駐留費の各国別の負担割合では日本

図5-1

在日米軍の駐留に関連する経費 （防衛省関係予算：3,993億円①＋②）		SACO関係経費 （138億円）	米軍再編関係経費 （1,799億円）
・周辺対策 　　　　664億円 ・施設の借料 　　　　1,030億円 ・リロケーション 　　　　14億円 ・その他 （漁業補償等） 　　　　292億円 計：2,000億円②	**在日米軍駐留 経費負担 （1,993億円①）** ・提供施設整備（FIP） 　　　　207億円 ・労務費（福利費等） 　　　　266億円 計：473億円	・土地返還のための 　事業　5億円 ・訓練改善のための 　事業　1億円 ・騒音軽減のための 　事業　0.1億円 ・SACO事業の 　円滑化を図るため 　の事業　118億円 計：125億円	・在沖米海兵隊のグアム 　への移転　410億円 ・沖縄における再編の 　ための事業　807億円 ・空母艦載機の移駐等の 　ための事業　0.9億円 ・緊急時使用のための 　事業　47億円 ・訓練移転のための事業 　（現地対策本部経費） 　　　　0.8億円 ・再編関連措置の円滑化 　を図るための事業 　　　　443億円 計：1,709億円
防衛省関係 予算以外 ・他省庁分 （基地交付金等） ・提供普通財産 借上資産 （注3）			

特別協定による負担（1,623億円）		
・労務費（基本給等） 　　　　1,287億円 ・光熱水料等　223億円 ・訓練移転費（NLP）10億円 計：1,520億円	・訓練移転費　13億円 （訓練改善のための 事業の一つ） ［・104号線越え射撃訓練 ・パラシュート降下訓練］	・訓練移転のための事業 　　　　90億円 ［米軍再編に係る 米軍機の訓練移転］

出典：防衛省ホームページ

は約75%となっていたことを弁護した。

在日米軍駐留経費については、米軍基地で働く日本人従業員の労務費や光熱費など日米地位協定上は米側が負担すべき項目が大半であるが、これを日本が思いやりという名のもとに負担している。これに周辺対策や施設の賃料なども含めたものが、「在日米軍駐留関連経費」という理解になるので、計算の仕方によってその割合は92・6%に上るという指摘さえ存在する。

アメリカでは、この予算はHost-Nation Supportと呼ばれ、思いやりというニュアンスはもちろんない。議会調査局によ

図5-2　「思いやり予算」の推移と内訳

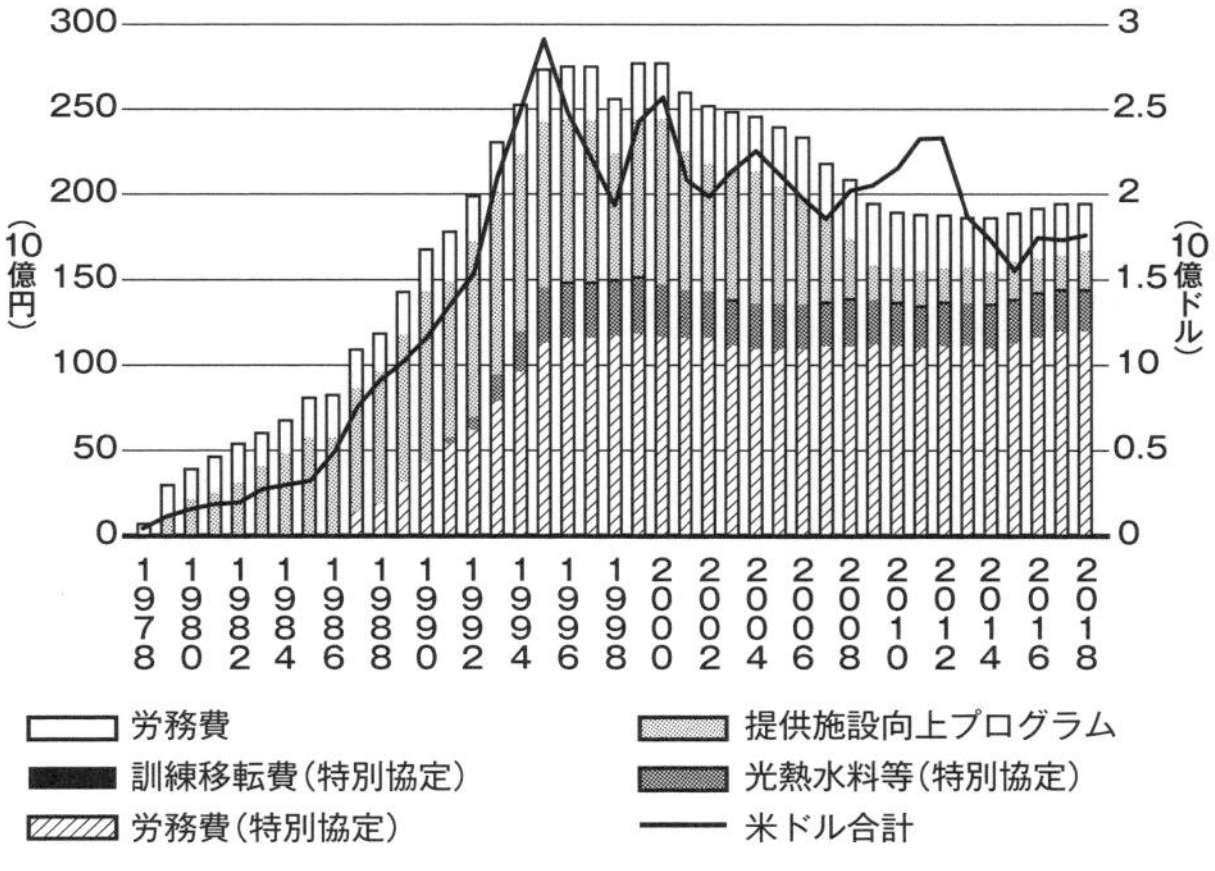

出典:米議会調査局のレポート(CRS "The U.S.-Japan Alliance" Updated June 13,2019)

れば、どこからどこまでを日本の負担分としてとらえるかについても、明確な定義が存在しないという。２００４年に国防総省が発表した計算では、日本は駐留軍経費の74・5％をカバーしたとされる。一方で国防総省の会計監査官によれば、日本は毎年17億ドルから21億ドル（為替レートによって幅が生じる）を負担し、それに加えてアメリカが人件費以外で19億ドルから25億ドルの経費を支払っているとしている。特に特別協定の支払い対象や金額は、全て日本側に裁量権があるため、そこは不透明感があることも指摘されている。日本からすれば「思いやり」なのでそうなるはずである。

「他の同盟国も日本を見習ってほしい」

かねて、そんな声は米議会の予算関係者の間でよく聞かれていた。アメリカ側の立場からすれば当然である。議会公聴会でも、日本の思いやり予算は他の同盟国に対するお手本として紹介された。筆者が上院予算委員会に奉職していた頃もそうである。ＮＡＴＯ加盟諸国へのプレッシャーにはたびたび利用されてきたし、仲間内での会話でも日本の事例はアメリカにとって良いものとしてとらえられていた。直近の議会調査局のレポートでも、日本の思いやり予算への批判は全く言及されていない。

しかしながら、トランプ政権誕生以来「全く足りない」という批判が大統領から漏れ聞こえるようになる。日本政府の立場は、ボルトン氏の回顧録に書かれた金額を「正式に要請されたことは皆無だ」というものだ。それはそれで正しい。ボルトン氏が補佐官の間で耳打ちしても、それは大統領からの正式な要請ではない。しかし日本政府の内部や社会に心の準備を促す意味があったとしたら、方向性としてはトランプ大統領の意向を完全に逸脱したものとも言えまい。すでにボルトン補佐官の発言の趣旨は日本の報道機関でリアルタイムにリークされており、日本への何らかの警告あるいはウォーミングアップの役割は果たしつつあった。

「日米安全保障条約は不公平な条約だ」

現行の特別協定は２０１６年４月１日から５年間となっており、２０２１年３月31日には失効する。この特別協定は、１９８０年代のブレトン・ウッズ体制終了とともに生じた急速な円高およびアメリカの双子の赤字のひとつである財政赤字の拡大を受けて、地位協定の経費負担原則の特例的な暫定措置という名目の下、１９８７年度から米軍駐留経費の中でも労務費の諸手当を負担することとし、1991年度からはその基本給や光熱水道費に範囲を広げ、さらに1996年からは訓練移転費についても日本側が負担することとなった。

「同盟のコストをアメリカばかりが負担するのは不公平だ」というのがトランプ大統領の最初の選挙戦からの訴えである。その後も日本の防衛費負担に関しては、不満を表明しており、最近では2019年6月にも、大阪で開催される20カ国・地域（G20）首脳会議を前にFOXテレビの取材に答えて、

「我々が日本と結んだ条約によると、日本が攻撃を受ければアメリカは第3次世界大戦をする。アメリカは戦争に参加して彼らを保護する。アメリカ人の生命と財産で戦い、いかなる代価を支払っても戦う」

「しかしアメリカ人が攻撃を受ければ日本人は我々を全く助ける必要はない。彼らはその攻撃をソニーのテレビで観ていることができる」

と発言している。その2日前にもツイートに、こう書き込んでいる。

「中国は原油の91％を（ホルムズ）海峡から輸入している。日本は62％だ（ご本人の理解による。

実は日本は8割あまり)。他の多くの国も似たような状況だ。どうして我が国が他の国々のために何年も何の見返りもなしにシーレーンを守らなければならないのか」

「(ホルムズ海峡を通って運ばれてくる原油に依存する)こうしたすべての国はいつも危険な旅を強いられている自国の船舶を自分たちで守るべきだ」

さらには、米ブルームバーグ通信が同じ日に報道したところによると、関係者3人の話としてトランプ大統領が最近、腹心に対して日米安全保障条約は片務的だと不平を言い、破棄する可能性について言及したとも報じている。またG20サミット閉幕後の記者会見でも、日米安保条約について「不公平な条約だ」と発言した内容が、ホワイトハウスのホームページにもその通りの文言で掲載されている。

それらを受けてなのか、CNNテレビは「トランプ大統領が東アジアの軍事同盟国に対して地域米軍の撤収に言及しながらより多くの防衛費分担金を要求し、日本にも北朝鮮の脅威から自国を防御するためより多くの武器購買を促している」という分析を報じた。

これらの状況証拠から察するに、トランプ大統領の意図するところは、日本に駐留する米軍の経費だけでなく、ホルムズ海峡も含めた周辺地域全体について、アメリカばかりが余計な負担をしているという認識が強い。ボルトン氏の回顧録によれば、最終的にどのくらいの金額で満足するかは「トランプ氏だけが分かっている」と記述されている。

お隣の韓国では2019年2月10日に、米朝会談前に9億2400万ドル（8・2％増）で駐留経費について合意した。しかも5年ごとの見直しではなく、毎年見直していくことに変更することで合意された経緯がある。そして2019年12月までに次の合意が必要であったが、米国の要求額との折り合いがつかず、翌2020年の夏に入っても合意に至っていない。ボルトン氏の回顧録によれば、韓国に対しては年50億ドルを要求したと述懐している。韓国側は2019年度比にして少なくとも13％増の案を出したと報じられた。

これに関してトランプ大統領は2020年4月20日のホワイトハウスでの記者会見で、「韓国に大きな割合を負担するよう求めている。公平な関係ではない」と述べている。今後も韓国に対して、大幅な増額を求め続ける意思を表明したのだ。さらに、韓国が示した増額案を自らの判断で拒否したこともこの記者会見で明らかにした。それに加え、トランプ大統領は「韓国だけのことを言っているのではない」とも発言し、具体的な国名は出さないと述べたが、在日米軍駐留経費の日本側負担を巡る改定交渉が年内に予定される日本が念頭にあるのではないかとの憶測を呼んだ。

日本に関する発言はこれだけではない。2019年12月3日にトランプ大統領がロンドンを訪問した際、NATOのイェンス・ストルテンベルグ事務総長と会談した。そこで伝えられたのは、安倍首相との在日米軍の駐留経費を巡るやり取りだった。「日本は我々を助けなければならない」「日本はお金を持っている。裕福な国だ」と、トランプ氏が安倍前総理に迫ったのだそうだ。NATO加盟国に対してトランプ政権は、それぞれ2％以上の防衛費支出を求めている。その成果が見られないことだけが原因とも言い切れないものの、2020年6月にトランプ大統領は、ドイツ駐留米軍約3万4500人のうち、9500人の縮小を命じたことは前述したとおりだ。

アメリカの兵器を買わされ続けるのか

米議会調査局のレポート（CRS "The U.S.-Japan Alliance" Updated June 13, 2019）によれば、日本の防衛整備品の90％は米国企業から調達されているだけでなく、アメリカの拡大抑止の役割を支える弾道弾迎撃ミサイル配備においても大きな貢献をしていると記述され、それが議会の基本認識となっていることが分かる。このレポートでは、2009年から2018年にかけての日本の防衛整備品購入額は、年間平均で3億6390ドルであり、日本の防衛装備品輸入総額の83％から97％を占めているとされる。また安倍政権になってからは、その購入額が飛躍的に伸び、総理就任前の6年間では年間平均が760億円だったのに対し、2012年の総理就任後の6年間は、年平均額が3390億円になったと記述されている。日本は、他のどの同盟国よりもアメリカの防衛装備品と同じものを使用しているとも指摘されている。また2016年には両国が、相互防衛調達契約に署名した。これで、両国内での防衛装備品の調達において、双方の国の防衛産業関連企業が国内と同様の条件で競争できることになった。

安倍前政権は2018年12月、米国製ステルス戦闘機F35を105機購入することを表明した。42機は新たに導入する短距離離陸・垂直着陸型F35Bとし、既に購入を決めている42機と合わせて計147機体制となる計画だ。総額にすると、約1兆円超（通常離着陸型のAタイプを100億円、短距離離陸・垂直着陸型のBタイプを150億円で試算）で調達を進めるとして発表された。

２０２０年7月9日、アメリカから日本へ売却されるＦ35の承認が下りたという発表があった。国務省が承認し、議会に通知された。承認されたのはＦ35Ａ63機とＦ35Ｂ42機の合計１０５機。売却総額は推定２３１億１０００万ドル（約2兆４８００億円）となっていた。

こうして日本が爆買いすることになったＦ35であるが、これが純粋に日本の安全保障のためだけでないことは、トランプ大統領と安倍前総理のやりとりが示している。１０５機追加を閣議了解する前に行われた日米首脳会談でトランプ大統領は、「日本はＦ35など我々の戦闘機を大量購入しつつあり、とても感謝している」と安倍前総理に伝えたという。また２０１８年11月30日にホワイトハウスＨＰに掲載されたトランプ・安倍記者会見の記録に掲載されているように、「日本は我々の抱える貿易赤字のバランスをとろうとよく働いている。なぜなら我々の抱える対日貿易赤字は極めて巨額だからだ。我々は極めて早い段階で（貿易赤字の）バランスが取れることを期待している」とトランプ大統領は述べている。

こうした一気買いを、トランプ大統領がどれほど長期間記憶してくれるかは定かではない。しかし、この時点では非常に喜んだことがうかがえる。とはいえ、もし貿易問題など別の目的だったとしても、日本の安全をどのように守っていくかの明確な説明を国民に対して行うところまではいけていない。GAO（政府監査院）は、2019年4月のレポートで、F35が生産機数を増やしたためにスペア部品の生産が追い付いていないと報告している。そのため、2018年5月から11月には、必要な飛行時間のうち約3割が飛行できていない。またGAOは安全性についても、重大な危険を及ぼす恐れのある「カテゴリー1」の欠陥が17件あったとした。米海兵隊も導入機数の54機削減を検討しているという報道もなされている。

もしトランプ大統領が再選され、日本との交渉が続くようであれば、結局のところさらに2期目の4年間、トランプ氏のアメリカ・ファーストの標的に日本がならないことだけを目標に、大きな買い物を続けながらトランプ政権の任期が終了するのを、日本政府としてはとにかくしのぐしかないのだろうか。少なくとも、安倍前政権による路線は「しのぎ」続ける手段だったようだが、イージス・アショアを秋田県と山口県に配備することを、日本側が突然に断念したことで、日本の防衛政策をめぐる国民的議論のチャンスは生まれたようにもみえる。

2016年から2017年にかけて北朝鮮が行った弾道ミサイル発射を振り返れば、迎撃ミサイルの技術の進歩のほうが遅れている様子が分かる。北朝鮮は、発射角度を高くかつ着弾速度を速めることで迎撃を難しくする手法であるロフテッド発射、および同時に多数のミサイル発射をして迎撃を完全には成功させないための飽和攻撃などを実行してみせているのである。ミサイル防衛は事実上破られたという識者も現れている。

そこで敵基地攻撃能力という言葉が日本で頻繁に聞かれるようになった。米軍が矛で自衛隊が盾という日米同盟の役割分担のみならず、日本にも矛が必要だという考えである。敵基地攻撃能力という日本語も議論になっている。今の時代、基地があってそれが不動ということはない。ましてや攻撃というと先制攻撃のように聞こえる。たしかに、防衛の手段であり抑止を考えるならば、「反撃」能力などと言ったほうが本来の意味合いに近いだろう。

ミサイル防衛は何かという概念を国際的な視点から整理するならば、第1に、攻撃されたら確実に報復できる能力（抑止）、第2に、攻撃が切迫またはすでにそれが行われて2次攻撃が来るのを食い止めるために反撃できる能力、第3に、ミサイルが飛んできたらそれを打ち落とす防衛、第4に、ミサイル撃ち落としに失敗した場合の避難による民間防衛または保護などが含まれるとされる。イージス・アショア配備は、第3の撃ち落とし能力を得る手段となるし、それに特化して防衛を考えている側面が強いが、実は少なくともこの4項目を満たす努力がミサイル防衛には求められる。敵陣に反撃する能力を日本が1国で急速に整えるのは、ほとんど不可能に近い。しかし、どのような微少の努力であっても、防衛というコンセプトを仕上げていくには、避けて通れない項目である。

そして、日本国民の安全を守る決意があるなら、今後必要になるのは、間違いなく次世代兵器に投資し、アメリカから既存の防衛装備品を購入することに資源を費やすのみならず、日本の防衛環境に即した技術を持つことが、今後最も重要な課題だ。日本の税金も資源も限られており、それが果たして本当に日本の長期的な防衛のために直結するのか、それとも別の目的で致し方なく兵器を購入しているのかは、少なくとも明確に日本人が意識をして選択していく必要がある。

自動車関連の輸出は日本にとっての弱みになっている

トランプ政権の通商政策は、大統領選挙中に訴えた内容に忠実に実現する方向で進められてきた。そして彼の大統領就任演説でも、アメリカがひどい目にあわされているのは、アメリカ人が外国から搾取され続けてきたからだという認識に立っている。就任演説の以下の部分を思い出してみると、そうした考えが凝縮されていることが見て取れる。

「何十年もの間、我々はアメリカの産業を犠牲にして外国の産業を豊かにしてきた。自国の軍隊の悲しむべき疲弊を許しておきながら、他国の軍を援助してきた。我々自身の国境を守ることを拒否しながら、他国の国境を防衛してきた。そして、アメリカのインフラが荒廃し、劣化する一方で、何兆ドルも海外につぎ込んできた。我々の国の富、強さ、自信が地平線の中に消えていく最中に、我々は他国を裕福にしてきたのだ」

そうした認識の標的の中に、日本が含まれていることは明らかであるし、それもすでに触れたとおりだ。それでも日本はトランプ氏の機嫌を損ねてはいけないと、懸命に立ち回り続けている。２０１９年2月15日の大統領の記者会見では、最後の方の質疑応答の中でトランプ氏が安倍前総理からノーベル賞関係者に送った5ページにわたる「最も素晴らしい書簡」を受け取ったと述べている。安倍前総理は「日本を代表し、敬意を込めてあなたを推薦した。私はあなたにノーベル平和賞が授与されるようにお願いしている」と言ったそうであり、それに応えてトランプ大統領が「有り難う」と言ったというくだりは、現在もホワイトハウスのホームページに掲載されている。

こうしたトランプ大統領への配慮は、たしかにさまざまな分野で顕著に観察できる。ただし、日米FTA（日本ではTAG）、種子法、カジノ法案や水道法などが、どれもこれもトランプ政権への配慮またはアメリカによるゴリ押しかというと、必ずしもそうとは言い切れない。

アメリカには民間企業も含め多くの関係者が日本へのアクセスを狙っている。圧力をかける方法としては、自国政府であるトランプ政権に具申することもあるし、直接日本の政策関係者に働きかけるケースもある。東京にあるアメリカ商工会議所などは、それぞれの商業的な立場や希望を表す方法として意図を公表して意思疎通を図ろうともしている。これは言ってみればビジネスであり、透明性ある公開文書だ。それを不当な圧力と感じるかどうかは、日本の受け止め方次第である。

かつてオバマ政権がTPPを推進していた際に、日本の皆保険医療がアメリカと同じ仕組みになり、医療崩壊が起こるという議論もあった。農家からの不安や反対も当然ながら巻き起こった。しかし結果的に医療も農業もその時想像したようには崩壊していない。トランプ政権のアメリカ・ファーストによって、急遽TPPはアメリカ抜きとなり、日米は二国間交渉に入ったのだが、そこにはトランプ氏の意思と目的が大きく働いていた。したがって、日本は第1段階の合意にたどり着くまで、何とかトランプ外しを試みて（ペンス・麻生経済対話など）時間稼ぎをしながら、自動車の追加関税25％の発動を警戒し続けた。しかし、その警戒がどれほど必要なものだったかは、いまだに不明だ。そのような関税はアメリカの経済にとっても大きな打撃となるし、脅しだけで発動はしていない。そのような追加関税はマーケットをも不安定とし、トランプ大統領とはいえ、選挙を前にそのようなドラスティックな手段を選択するのはリスクが高すぎるという声もあった。

日本の法律は、日本人が考えるという基本に立ち返れば、全て外圧の責任にすることは却って問題の本質を見えなくしてしまうことになるだろう。イージス・アショアの配備を断念しようと日本が決めれば、これが日米同盟の崩壊にはならないということも、実際によく分かったばかりだ。

自由貿易交渉のような国家間のトップレベルが合意するものであれば、アメリカ国民も注意を払うであろうが、個別具体的かつ日本の法改正の話には、アメリカの大衆は全く関知していないだろう。特定の会社の特定の部署がビジネスで成功しようとして運動を展開していると考えるのが妥当だ。ただし、そのような運動がアメリカの政治を巻き込むことに成功すれば、世間が知るような大きな国家間の問題に発展する可能性は残る。

トランプ大統領が2019年5月に発表し、商務省に対して日本やEUから輸入される乗用車や自動車部品が、アメリカの国家安全保障に脅威となるかを調べるように命じたことは、特定の業界の利益が国家間の交渉に影響をあたえた例といえる。トランプ大統領が2016年に勝利できた理由は、ラストベルトとされる鉄鋼業や自動車・自動車部品産業などの労働者および農業従事者がカギとなったとされている。通商拡大法232条（1962年）は、そうした権限を議会が大統領に立法によって与えたものである。それを同盟国に用いることを憂えた今日の議会は、大統領の権限を制限する立法の検討までしたくらいだ（特に関税問題を所轄する上院財政委員会のチャック・グラスリー委員長が中心となった）。

鉄鋼とアルミニウムの追加関税をトランプ大統領から浴びせられている日本だが、他の各国が行ったようにWTOへの提訴さえしていない。この行為を例にとっても、日本が必ずしも他国に比べて不当に扱われているというより、逆に日本が圧力や力に対して抵抗しないことを選択している。そのことにより、国際貿易の基本ルールを曲げることを容認する日本のスジは一体何なのか、一切見えてこない。

こうした日本の姿勢が、さらなるロビー活動や政府間の圧力を招いているということもできよう。さらに、自動車や自動車部品は、いまだに日本のアキレス腱でもある。日本からアメリカへの輸出金額（２０１８年は約１４２０億ドル）のうち、およそ3分の1が自動車と自動車部品だからだ。輸出品目に大きな偏りがあることは、日本の立場を弱くさせる。アメリカ国内の労働者も、基本的に保護貿易を支持している。そして日本の自動車メーカーは、２０１５年の段階でも46万人以上をアメリカ国内で雇用するに至っているのである。それであってさえも、日本からアメリカへの輸出は1つの業界に大きく偏ったままである。

この偏りが、交渉におけるアキレス腱になりやすいのであれば、もっと多様化された輸出品目を増やさねばならない。それを開拓し推進できるかが、アメリカからの圧力への不満およびアメリカへの忖度を減少させるカギとなる。民間の底力も必要であるため、実行はいうほど簡単ではなかろうが、アメリカにフェアな手段を取らせるには、こうした産業界の努力も政府の後押しも必要となる。

トランプ政権が本当に望んでいるのは、日本のアジア地域での影響力強化

「日本が憲法9条を改正するなら、もちろん大歓迎」

普段は日本の主権にかかわることを発言することに非常に慎重な国務省の現役外交官が、思わずプライベートで口にした言葉だ。筆者は「やっぱりそうだろうな」と思った。アメリカの政府関係者は、普段なら必ず「それは日本国民が決めること」という優等生の発言をするのが決まり文句だから、かえって正直さが際立った。単なる意見であり、日本に憲法改正の圧力をかけるような野蛮なことはしないが、気持ち的にはそういうことなのだ。

戦後の日米関係を振り返ると、それはアメリカによる日本の安全保障上の役割拡大圧力の歴史でもある。敗戦後の新しい憲法によって日本は体制変換の実験場となり、アメリカでさえ実現できなかったリベラルな平和憲法をもつことになった。それを歓迎したのは、戦争の悲惨さを経験した当の日本国民であった。しかしその後アメリカは、朝鮮戦争やベトナム戦争、冷戦や中東での紛争など、多くの戦争にかかわっていく。その間、日米安保

は常に片務的ではないかという批判にさらされながらも、日本の戦略的な重要性および貿易摩擦に勝る安全保障への懸念が、同盟を維持させてきた。

その後も、北朝鮮や中国の脅威は増大している。日本は吉田ドクトリンに代表されるように、軍事費を使わず経済成長を目指した。そしてアメリカの戦争に巻き込まれることを大いに警戒し、日本の憲法は1度も改正されることはなかった。またそれに慣れてきたアメリカの知日専門家たちも「改憲せずとも解釈で日本の役割を増大できれば同じことではないか」と言い始めたりしていた。

しかし、戦後保ってきた日本の専守防衛という立場も、環境の変化に伴って変容せざるを得ない。2018年、護衛艦「いずも」を最新鋭ステルス戦闘機F35Bが発着艦できるよう改修する方針も、多様な任務を想定してのことだった。特に中国の海洋進出には対応が必要にならざるを得ない状況が生じていた。たとえば、中国初の空母「遼寧」から複数の戦闘機が飛び立った場合、遼寧が活動する地域・海域の周辺に基地やレーダーが少ない自衛隊では、対応の遅れが想定された。

アメリカが日本の役割拡大を歓迎することは、常であった。2019年1月にもそのような会話があった。訪米中の岩屋毅防衛相（当時）がパトリック・シャナハン米国防長官代行（当時）と国防総省で会談した際、前年12月に決定した新たな防衛計画の大綱を踏まえ、「日本が役割拡大をはかる強い決意を示したことを歓迎する」と表明したのである。この時、日米は、抑止力を一段と強化させるとともに、日米が基軸となって安保環境の創出をめざすことを申し合わせた。宇宙、サイバー分野での協力推進も確認した。

このような傾向と日本への期待は、トランプ政権に限ったことではない。ブッシュ政権のイラク戦争やその後のさまざまな地域での紛争で、日本は役割を求められたし、1992年のPKO法の成立や部分的な集団的自衛権にも法整備を行いながら、常に日米安保の片務性というアメリカの不満を払拭するように努めてきた。1993年当時、上院予算委員会の筆者の上司は予算編成のさなかに自虐と冗談を込めてこう言った。「アメリカは戦争でぶち壊すのにお金を使うけれど、日本は再建にお金をつかってくれる」。当時、アメリカの政策立案の中枢にいた人間の、日米関係に対する認識を的確に表現した言葉だと感じ、今でも時折り思い出す。それからさらに時を経て、とにかく日米安保の片務性というアメリカの認識を払拭するため、日本の努力は続いている。

トランプ大統領は、2016年の選挙活動中から、日本や韓国が核兵器を持つことに自分の考えはオープンだと繰り返し述べている。また、米議会調査局のレポート（CRS "The U.S.-Japan Alliance" Updated June 13, 2019）には、こうも記されている。「日米は、国際秩序がルールと規範に基づくように協働してきた」。さらに、「しかしアメリカ・ファーストのトランプ大統領および北東アジア地域における安定を保障する役割をアメリカが担わなくなる日がくることを危惧し、日米安保の耐久性に疑問が生じ始めている」と指摘した上で、「日本が価値観を共有するアメリカ以外のパートナーを探し出し、自国の利益を追求するために柔軟性確保の外交方針に転じる可能性もある」と結んでいる。

ここに、アメリカなりの日本に対する不安と、トランプ大統領への不満も見え隠れする。日本から見れば、アメリカとの同盟関係に深いコミットこそあれ、それを遠ざける選択肢はないように感じられるが、少なくとも米議員たち向けのレポートでは、懸念事項としてその指摘がある事実は興味深い。

たしかに日本は2020年6月、2014年に施行した特定秘密保護法の運用基準も初めて改定し、アメリカのみならずオーストラリア、英国そしてインドを視野に入れて特定秘密の指定範囲を拡大した。また、他国軍の表記をアメリカから外国に変更し、防衛力整備の協力対象もアメリカの政府から外国の政府等に変更すると同時に国際機関なども含めている。ある意味、トランプ政権というアメリカの環境に対処したものであると同時に、議会レポートの懸案も全く根拠のないものとも言い切れなくなってきていよう。

ただ、憲法改正などの方向性は日本国民が決めるものであり、他国に言われたから嫌々従うものでもない。現実的なアメリカの日本ウオッチャーたちには、これまでどおり憲法の運用を変えるだけのほうが、波風が立たずにアメリカが希望する方向性に日本が動きやすいのではないかという声さえあることを、記憶しておく必要がある。日本人が考えるべきは、あくまで日本の防衛であり、経済的な利益を追求するための地域の安定なのである。

トランプ大統領は、さらなる日本の負担を求めてくることになろう。ボルトン氏の回顧録に紹介された現在の4倍から5倍ともとれるような防衛費の負担も、実は日本に駐留している米軍の経費負担を単純に指しているはずがない。日本はすでに80%ほども負担しているのだから、たとえ2倍と言われても、駐留米軍経費を全部払っておつりが来る。問題は、地域全体の安定にアメリカが果たしている役割を、日本がもっと果たすべきであるということなのであろう。そうであると考えれば、4倍でも5倍でも可能となる。アメリカから正式な要求はないと安倍前政権は明言したが、負担増は韓国ともすでに協議されているとおり、日本の役割を大幅に拡大することと同義であり、もし金銭で支払えないなら、日本の自衛隊がアメリカの働きを肩代わりするように求められることも予想されるのである。

悲観的にならざるを得ない沖縄基地問題

トランプ大統領は、必ずしも沖縄の問題を高い優先順位で考える余裕があるようにはみえない。北朝鮮や拉致被害者救出の問題のように、能動的に動くほどまでには至っていない。しかし、沖縄の基地問題は、日米同盟にとって最も重要な懸案であり、長い年月をかけて日米の間で話し合われてきた課題でもある。日米間で日米安全保障協議委員会(Japan-U.S. Security Consultative Committee)〈2+2〉が始動して以来、2002年には防衛政策見直し協議(DPRI、Defense Policy Review Initiative)が設置され、地域の安全保障環境の変化に合わせて、沖縄の軍縮小が目標に挙げられた。

もちろん同盟国間の相互運用性と情報伝達を向上させつつの縮小である。２００６年には再編ロードマップが示され、２０１２年のアップデートも行われた。その中には以下のような約束が入っている。

・キャンプ瑞慶覧、牧港補給地区、および普天間飛行場において米軍が使用している土地を部分的に沖縄に返還（そして防衛政策見直し協議とは別の約４０００ヘクタールの北部訓練場）。他の土地の返還は、キャンプ桑江、那覇港、および陸軍貯油施設（第１桑江タンク・ファーム）など、まだ開始されていない。（出典：２０１８年「日本の防衛白書」ｐ２８５とｐ２８８）

・横田飛行場における共同統合運用調整所の設置。（出典：同ｐ２８５）

・第５空母航空団（ＣＶＷ－５）所属の戦闘攻撃中隊の第一陣が、海軍厚木基地から岩国基地へ移転。（出典：Tyler Hlavac, "Carrier Air Wing 5 Fighter Squadrons Moving to Iwakuni.thisWeek," *Stars.and.Stripes*,March28,2018, at https://www.stripes.com/news/carrier-air-wing-5-fighter-squadrons-moving-to-iwakuni-this-week-1.519140.）

・航空総隊司令部および関連部隊を横田基地に移転。（出典：２０１８年「日本の防衛白書」ｐ

285）
・キャンプ・ハンセンと嘉手納飛行場での米軍と自衛隊の共同施設使用。（出典：同p285）
・在日米陸軍司令部をキャンプ座間に設置（出典：同p300）
・陸上自衛隊の中央即応集団司令部をキャンプ座間に移転。（出典：同p285）
・在日アメリカ陸軍の相模総合補給廠の施設建設、土地の返還、および共同使用。（出典：同p285）
・在日アメリカ陸軍の相模総合補給廠の施設建設、土地の返還、および共同使用。（出典：同p285）
・横田飛行場上空の航空管制権を一部返還（出典：同p285）

DPRIの中心的なテーマには、海兵隊の普天間飛行場移設問題が横たわっているのだが、この難しさはアメリカも認識している。2017年の米GAOが調査したレポートによれば、国防総省の計画であるいくつかの再編計画は、数件の欠陥があると指摘されている。それは、「もし国防総省が指摘された問題点を解決しなければ、海兵隊は機能を維持できないか、あるいは非常に高いコストを必要とすることになるだろう」と警告している。

米太平洋軍司令官（現在は米インド太平洋軍司令官）を含めた国防総省の軍関係者は、米議会の公聴会で「普天間を沖縄に返すのは、移転先の施設が完成するまであり得ない」と繰り返し明言してきている。この通りであるとすると、沖縄問題は今後も大きく動くことにはならなそうだ。

ただし、回顧録を出版したボルトン氏は、日本のメディアのインタビューに答えて「トランプ大統領が再選されれば、在日米軍約5万人弱が削減されるか撤収されるリスクが格段に上がる」と示唆した。それは、結局のところ日米安保条約を不公平だからだとトランプ氏が心底信じているからであり、在日米軍の経費負担の交渉が上手くいかない場合に起こりうるとしている。この金額は、日米関係が本物かどうか、そしてそれが日本の国益を支えるかどうか、日本側の真価が問われる局面になろう。

トランプ氏のもともとの本音は「北朝鮮の脅威は日本自身で解決しろ」

トランプ大統領の登場は、本質的にアメリカ国民が内向きになっていることを示している。そうした国民が大多数を占めるようになったからこその、トランプ政権誕生だからである。２０１６年の大統領選挙中のトランプ氏の次のような言葉の数々は、その本音を赤裸々に語っているといえよう。

「しかし今、私たちは基本的に日本を防衛している。北朝鮮が頭をもたげる度に、日本から電話がかかってくる。皆からも電話がかかってくる。それで『何とかしてくれ』と言われるんだ。そう言われても、我々にできない一定の限界というものがある。ということは、核保有したほうが良いということか？　そうかもしれない。私としては北朝鮮が核保有をして日本も隣国として核武装したら良いということか？　それが実現したら、みんなにとってこんなに良いことはないだろう」

「もしも私たちが攻撃されても、日本人は何もしなくていい。もし彼らが攻撃されたら私たちは全力で出兵しなければならない…ずいぶん不公平な協定だ。それが本当の問題なんだ」（２０１６年3月26日、ニューヨークタイムズ紙へのインタビューに答えて）

「だから北朝鮮は核を保有している。日本にとっては問題だ。彼らは重大問題を抱えてるわけだ。日本人は北朝鮮から自衛をしたほうが良いんじゃないだろうか。核武装、そうだよ核武装も含めてね」（2016年4月、FOXニュースのクリス・ウォーレス氏のインタビューに答えて）

CNNのウルフ・アイザック・ブリッツァー氏：「あなたは、日本と韓国を核武装国にする用意があるのですか？」

トランプ氏：「私は準備ができている。もし彼らがアメリカを正しく大事にしないなら、我々は世界を守る軍隊や警察でいる余裕はないんだ」（2016年5月2日、CNNのウルフ・アイザック・ブリッツァー氏とのインタビューで）

「同盟国は、安全保障のために担っている膨大な金銭的、政治的、人的なコストにもっと貢献しなければならない。それなのに多くの同盟国はそれをしていない。アメリカは長年にわたって何兆ドルという資金を、飛行機、ミサイル、戦艦、防衛装備に費やし、欧州やアジアを守るために軍隊を増強してきた。アメリカが安全保障を提供している国は、その費用を支払うべきだ。もしそうしないなら、これらの国が自衛するようにアメリカは準備すべきだ」（2016年4月27日の準備された演説の言葉から）

ここからもうかがえるとおり、そもそも日本を北朝鮮からアメリカが守る必要性について、トランプ氏は疑問を投げかけ続けてきた。北朝鮮も、すぐさまアメリカを攻撃し難い。アメリカを攻撃すれば金正恩体制の崩壊まで反撃される可能性が高まる。またアメリカとは距離もあるために、なかなか手出しをする最初の相手にはなりづらいだろう。すると、日本がどの程度自らを守れるのか次第では、アメリカの軍事費用や安保上の役割に期待せざるを得ない。おそらくトランプ大統領は、日米安保の片務性を信じて止まない大統領だからこそ、そうした役割の公平性について追及する態度を取りやめることはないのだろう。そのことが、あらゆる場面で日本の譲歩を引き出す脅しになることを承知した上での駆け引き材料ともなる。

同時に、米議会でも日本の役割拡大に関しての期待は大きい。前述のCRSレポートでも、日米のcombined force（連合軍）という言葉を使うほどに、両国の軍事協力は一体化し、ミサイル防衛、サイバー防衛、そして宇宙軍の活動に至るまで、日米が一体となって働く機会は多くなる一方だと記している。

日米のミサイル防衛という意味では、イージス・アショア断念の問題は残るものの、多くの協力がすでに実現している。それは北朝鮮の脅威とも無縁ではない。

・自衛隊は地対空誘導弾ペトリオット（PAC3）ミサイル24基を日本列島に配置しており、イージス弾道ミサイル防衛システム搭載艦（イージス艦）5隻、SM－3ブロックⅠA迎撃ミサイルを保有し、さらに8隻のイージス弾道ミサイル防衛システム搭載艦およびSM－3ブロックⅡA迎撃ミサイルを配備する計画である。

・そして日本は、弾道ミサイル防衛が可能な11の早期警報レーダーサイトのシステムを稼働させ、陸上配備型イージス・システム（イージス・アショア）2基を導入する計画である。（ただし、この2基は2020年7月21日に断念が発表された）

・米軍は公表されていない数の地対空誘導弾ペトリオット（PAC3）ミサイルを日本に配備し、イージス弾道ミサイル防衛システム搭載艦（イージス艦）7隻を日本近海に配備している。（ただしそのうちの2隻は修理中）

・日本の高度なレーダー配置を補完するために、アメリカは2基のXバンドレーダー（AN/

TPY-2）を保有している。
・東京郊外の横田飛行場に設置された二国間の統合作戦本部。
・2国は共同の統合弾道ミサイル防衛訓練を行っている。また日本が2021会計年度に調達を期待している高度なSM－3ブロックⅡA迎撃ミサイルの開発と試験を、共同で行っている。

これらは全て北朝鮮の脅威を前提とした措置であるという側面がある。この状況を踏まえ、アメリカ統合参謀本部議長だったジョセフ・ダンフォード氏は2017年に、日米のミサイル防衛の協力状況について、この2年間で進歩を遂げたと評価する発言を行っている。

もしトランプ大統領が北朝鮮への関心を失う場合でも、現場で着々と進めてきた協力は、一夜で吹っ飛ぶものではないことがうかがえる。しかしながら、2020年大統領選挙を控えたトランプ大統領が歴史的な意義と注目を集めるために北朝鮮と平和条約を締結するような大転換が起これば、アメリカの役割は縮小せざるを得ない。

2021会計年度の国防権限法の中には、こうした事態を事前に心配した上下両院が、「もし在韓米軍を縮小する可能性が生じる場合は、日本や韓国と十分に協議を行い、議会にも報告する義務を課す」という一文が入っている。これがどの程度の効力を発揮するものなのか、そしてそうした事態を迎える時が来るのか、トランプ大統領の2期目は、これまで以上に予測不能かつ気まぐれな動きが日本を翻弄することになるであろう。

中国からの防衛に日本はアメリカを頼らざるを得なくなった

トランプ大統領のアメリカ・ファーストのスタンスは、現在の米中対立を先鋭的にする要素ともなっている。この問題が過熱してしまうと、日本への悪影響も考えられる。たとえば冷戦時代に米ソが結んだ中距離核戦力全廃条約（INF）をトランプ大統領が2018年10月に破棄することを表明したが、その時の理由はロシアが条約破りをしているほかに、中国が自由にINFの開発を続けていることへの不満と不信であった。

条約の破棄に続き、アメリカでは地上配備型中距離ミサイルの開発が進んでいる。中国の中距離ミサイルに対抗するために、核を搭載しない地上配備型中距離ミサイルがアジア太平洋地域に配備される計画も検討されている最中だ。候補地には日本の米軍基地も含まれているため、米中衝突が起こると日本が最前線になる可能性もゼロではない。それが必ずしも悪影響ばかりとも言えず、アメリカによる日本本土防衛の動機づけが強くなるという作用もある。しかしこうした流れが日本国民に与える影響は、具体的に検討されるべきであるし、リスクを認識した上での対応でなければならない。もちろん日本が軍事衝突に巻き込まれる可能性もある。

また、アメリカ国内で人種問題の対立や、トランプ氏が自身の支持基盤の有権者に受ける政策に特化するあまり、アメリカ国内の分断が加速されれば、アメリカが国際的なリーダーシップを発揮するのはますます難しくなろう。そのようなアメリカの足元を見ているのが中国ということになる。アメリカが内向きになり、国際的なリーダーシップの地位から離れれば離れるほど、中国の軍事行動が活発になる。北朝鮮のこの地域における行動も、アメリカのプレゼンスと無関係とはいえない。そうなれば、日本は自助努力によって安全を守る選択しか残されなくなってしまう。

かといって、トランプ政権が対中政策で過激さを増し過ぎても、北東アジア地域は不安定化する懸念が生じる。力の空白の足元を見るかのように、中国は2019年にもすでに6月末から7月初旬にかけて、南シナ海で弾道ミサイルを6発発射する実験をしている。この海域でも中国の行動はエスカレートしており、アメリカとの摩擦は軍事面で始まってもおかしくはない状況だ。アジア太平洋の米軍は、1987年の18・4万人から、2018年の13・1万人に減っている。

同時に、中国の軍事行動のエスカレートは、日本を独力で守ることをますます難しくしてもいる。そのことで結局日本はアメリカとの同盟に防衛をますます頼らざるを得ない状況にさせられている。トランプ政権は、かつての矛と盾の日米同盟関係では満足しない可能性が非常に高い。日本は、議会調査局も指摘したようにサイバー防衛や宇宙防衛など、新しい分野でも日米の協力を推進していくことにならざるを得ないのではないか。そうでなければ、アメリカが他国を守ることへのアメリカ国民による反発が増すばかりとなる。そしてトランプ政権だからこその気まぐれによる不安定性と予測不可能性および独善性がついてまわることになる。

特にトランプ大統領は香港情勢や新疆ウイグル問題にかかわる人権問題にこだわる基軸

は持ち合わせていないため、2期目にはまた中国との貿易交渉に戻って、アメリカの貿易赤字縮小と中国との駆け引きが始まる可能性もある。この点は、回顧録を出版したボルトン氏が、その後のインタビュー等で強調している点である。その場合、日本はトランプ大統領に大いに振り回される4年間がやってくる。

米中貿易交渉では、中国が折れて民主的な方向に向け少しでも努力するなら、問題解決も可能であるが、突っぱねることが続けば、世界経済はさらに疲弊することになる。特に日本はサプライ・チェーンで中国との結びつきが強く、これを引き離す方向でアメリカが動くことは、日本にとって大きな経済的損失を招くことになる。アメリカが中国包囲網を築くということになるなら、日本がそれを出し抜くことで経済的利益獲得に走るのか、それとも本気で人権や自由や民主主義のためにその犠牲を議論し、国民多数の納得を得てアメリカに与《くみ》するのか、選択が迫られよう。民主主義の価値のために経済を多少犠牲にすることは意味のないことではない。ただし、犠牲がいかに大きいかは事前に精査を尽くしておく必要がある。

日米関係は、中国という要素を抜きにして語ることはできない。トランプ政権が中国問題で周辺国を振り回し、そうこうしているうちに、中国の海洋進出はもはや後戻りさせることのできない地点にまで達しつつあるというのが、アメリカから聞こえてくる安全保障専門家たちの心配の声である。トランプ政権が2期続くことになった場合、日本が今よりも安全になり、アジアのこの地域が安定するとは、そう簡単には望めなそうである。アメリカへのおんぶにだっこを、日本が諦めなければならない状況は、トランプ政権2期目の間にやってくることになるだろう。

第6章

ジャパン・パッシングが再燃する⁉

日本が「どっちつかず」な態度を取ることは許されない

「日本に関する政策セミナーを開いても、来る人がいないよ。仕方ないから中国のテーマと抱き合わせることにしたよ」

そんな声がワシントンで頻繁に聞かれるようになったのは、クリントン政権時代の頃だった。そして時を経て2005年4月になると、ワシントンにあるブルッキングス研究所という老舗のシンクタンクに中国研究プロジェクトが設立された。その頃は日本研究部門がなくなり、2012年の復活まで寂しい時代が続いた。問題の多い中国は多くの政策関係者の関心を集め、あまり問題のない日本はそれほど注意を払わなくてもよい相手だともいわれた。

今年の大統領選挙でどちらの政党が政権を取っても、関心が高い問題は米中関係がどうなるかだろう。それぞれの政党色の違いから中国への対処が違えば、日本への影響も微妙に違ってくる。単純に言えば、安全保障に重点を置く共和党と国内の労働者に重点を置く民主党という伝統的な見方が存在する。特に民主党はリベラル色が強いので、中国に対しても融和的であるとされるが、果たして今年はどうなるのであろうか。

国際関係を考えるうえで、リアリストおよびリベラリストという表現がある。古典的なリアリストは世界政府は存在しないことから、最終的には武力衝突で白黒をつけることになるのが現実であると考え、いかにそれを回避するかを考える。人間は争うものだという悲観的な視点が起点になっている。一方の古典的リベラリストは、人間は学ぶことができる動物であり、国境を越えた交流やビジネスも個人や組織を通じて常に発達するのだから、交流を深めれば武力衝突を回避できると考える。人間の学びと発展に対する信頼が起点になる。さらに、気候変動などのグローバルイシューこそが最大の安全保障だと考えるリベラルな知識層は、アメリカにもヨーロッパにも非常に多い。リベラルな人々は、中国の軍拡もアメリカが直接の脅威を受けない程度に外交関与できるのであれば、最大の脅威とは言い難いと考える可能性もある。

共和党と民主党を比べると、民主党のほうがリベラルで、武力の重要性を共和党より軽視する。軍事予算に対する両党の対立がその象徴である。民主党は社会福祉や教育に予算を多く使うことを重要と考え、軍事費は削ごうとする。つまり、軍事的に大きくなる中国に対しても善意で接すれば善意が返ってくると思い込むかもしれないという危惧が生まれる要因を理論上内包している。善意を信じるとまでいかなくても、共和党に比べれば中国に融和的になるのではないかという疑いが生じるのだ。

これは極端に一般化かつ単純化した場合の見方である。現実は必ずしもそのようには進まない。それは常に相手国のリアクションや、国際環境が時代によってさまざまだからである。実際に、中国との国交を開いたのは、共和党のニクソン政権だった。目的はソ連との熾烈な競争の中で中国をカウンターバランス的な存在に仕立てる必要があったからだとされる。それでも長らく中国は発展途上だったが、ビル・クリントン政権の頃には、中国への関心がアメリカでも高まっていった。それは民主党政権だからだという説明も不可能ではないが、実はブッシュ政権でもオバマ政権でも、中国の経済的成長に伴いアメリカで特に経済界の関心はますます中国へと移っていった。

クリントンは「戦略的パートナー」として中国を選んだ

1998年にクリントン大統領が中国を訪問した時は、日本にジャパン・パッシング（日本無視政策）の衝撃が走った。中国を「戦略的パートナー」とも呼んだ。同盟国の日本には立ち寄ることもなく中国に9日間も滞在した。一方の日本は、バブル崩壊で経済的なスランプが続き、安全保障の面でもアメリカに脅威となる要素は何もなく、アメリカが目くじらを立てる必要のない国に変質していった。日本側も、貿易摩擦問題では、クリントン政権のベンチマークと呼ばれた1995年の数値目標交渉を最後に、舞台を国際機関に移し、ルールに基づいた交渉へと舵を切ることによって、日米貿易摩擦を回避する手法を採った。それ以来、二国間交渉を避けることができた日本は、2019年の日米物品協定（TAG）まで、摩擦を上手に避けてきたといっていい。それも、ジャパン・パッシングの一因だったかもしれない。

ただし、大統領も学ぶものである。政権の後半になると、日米の安全保障問題を基軸に日米関係重視に傾き、1995年に策定された、「ナイ・イニシアティヴ」（ジョセフ・ナイ国防次官補らが中心になって策定したのでそう呼ばれる）に基づいて、アジア太平洋への関与を再定義した上で、日米同盟をその機軸と位置づけるまでになった。その後1997年には日米防衛協力のための指針（新ガイドライン）を策定したのもクリントン政権であるし、冷戦後の新しい日米同盟の定義付けの役割も担った。その下働きをしたカート・キャンベル国防次官補（当時）も大変な日本通で、上院予算委員会に働いていた筆者も2度ほどペンタゴンに招かれて会話する機会を得ている。筆者は共和党で先方は民主党の政治指名職だったが、安全保障や外交のプロは、政党色を気にする傾向が低いことを痛感させられた。

ブッシュ政権時代になってからは、小泉純一郎総理とブッシュ大統領の蜜月が続いた。その頃、ブッシュ大統領にはテロとの戦いで敵が外に存在し、アメリカに全面的なサポートを表明する日本の存在は貴重であった。第1次安倍政権の時代になると、靖国神社参拝やアジアの近隣諸国との摩擦を懸念したアメリカが安倍政権との関係でギクシャクした。次の福田康夫総理はアジア重視のスタンスだった。

オバマ政権が発足した２００９年、電話の首脳会談で日本は十数番目だった。ただし、外国首脳のホワイトハウス訪問は、麻生総理が最初の外国要人となった。そしてオバマ政権発足間もない2月16日、ヒラリー・クリントン国務長官が就任後初の外遊先に選んだのは日本だった。親日ぶりを強調し、北朝鮮拉致被害者の家族との会談も行った。その後長官は中国を訪れたが、時はリーマンショックの金融危機後。アメリカ発の世界金融危機を救ったのは中国という現実もあった。

その年の11月14日には、オバマ大統領が東京でアジア外交演説を行ったが、まだ新興国とみなされていた中国はそのバランスのとり方が微妙だった。アジア太平洋の重要さを強調した上で、金融経済や気候変動への対策、そして核不拡散を優先課題として、中国の人権問題などには触れることはなかったのだ。むしろ協力パートナーとして密接な関係を築いていきたいというスタンスのスピーチだった。アジア外交演説を東京で行うという点も、とりあえず日本重視の気遣いはあった。それでも中国関与政策は、オバマ政権の基本スタンスだったといえよう。

もう1つ、オバマ政権の構想としてTPPがある。これは自由貿易協定ではあるが、目的は経済的かつ安全保障上の中国包囲網であるとされたのは周知のことである。世界のGDP40%を占める国々が国際的貿易ルールを築き、それに中国が入りたければルールに従うことを強制する仕掛けになるはずだった。2015年6月、オバマ大統領はラジオ番組のインタビューで、アジアの近隣諸国がTPP協定を締結すれば「中国は少なくとも国際基準を考慮する必要が出てくる」と述べている。

しかし一方でオバマ大統領は、地球温暖化のようなグローバルイシューを克服する理想にも燃えていた。パリ協定の締結は中国の協力を得たからこその大きな外交成果になったともいえる。そうこうしている間に、中国は海軍力を強化し南シナ海や尖閣諸島に進出していたことも事実である。日本の安全保障を優先してもらえないことのもどかしさが、ここにあった。中国に関して言えば、アメリカにはグローバルイシューへの関心よりも、日本の安全保障を優先してもらいたい、というのが日本の本音だ。

さて、オバマ政権の政策を覆したトランプ大統領の中国政策は、周知のとおりだ。貿易相手だった中国が、安全保障も含めた仮想敵国として浮上すればするほど、日本の存在感は増すことになる。また中国側から見ても、日本は大事なカードとして映ることになる。日本の努力もさることながら、全体の力学が影響して起こる事象である。

戦略的に多国間で協力して中国の対外的な行動が変わるように仕向ける

もしバイデン政権が誕生した場合は、まずトランプ大統領のバイラテラル（多国間よりも二国間の関係を重視する）な交渉スタイルを否定することから始めるだろう。バイデン氏は当初から国際協調、特に同盟国との協調を主張してトランプ氏との対立軸に据えている。アメリカ・ファーストのスローガンも政権から消えることだろう。民主党政権がトランプ政権のさまざまな政策を覆すのは確実だ。問題はその覆し方である。

リベラル派の回答は、2020年7月の外交問題評議会のリチャード・ハース氏の論陣にそのヒントがちりばめられている。グローバルな視点を取り入れて中国に「グローバル・スタンダード」を受け入れざるを得ない環境を作ろうという訴えである。理屈としては、中国の非民主的な内政をアメリカが変革してやろうというのは不可能で傲慢すぎるから、戦略的に多国間で協力して中国の対外的な行動が変わるように仕向けるだけ、というものである。

その考え方によれば、少なくとも中国を糾弾するような激しい言葉の応酬はバイデン政権からは飛び出さないと予想される。選挙中はトランプ氏と競って激しく中国を糾弾してきたものの、リベラルなアプローチは、関与と囲い込みを重視する。ただしアメリカ国民や専門家の間ではすでに、中国の脅威が経済や安全保障を脅かすものであることが、広く認識されるようになってしまっている。

「中国に関与しても中国は変わらない。それなら、競争で勝つしかない」と、ある上院議員の筆頭スタッフで元同僚の友人が筆者に言った。中国が経済的に成長すれば自然に民主化が進むだろうというナイーブな期待が完全に誤りだったという理解は、政党を超えて共有されている。

このように中国がアメリカの仮想敵国あるいは競争相手として存在し続ける可能性が高い限り、アメリカにとって日本はかけがえのないアジアのパートナーとなるだろう。多国間で、中国が国際ルールに従うように仕向ける意味でも、アメリカに不可欠な信頼できる同盟国として日本は位置づけられる。バイデン氏は、トランプ氏の二国間交渉のように、同盟国がバラバラでいるのではなく、協力して力を発揮することによってのみ、「中国との競争」と「反トランプ政権の道」を「両立」させることができるとする。民主党内でも、中国の内政を変えようと願う関与の政策は、すでに完全に葬り去られている。

しかしながら、バイデン政権なら共産党と競争しながらも中国とは共存しようとする手法がやや上品で、歯がゆさが残るという予想もある。アメリカが理知的に対処したところで、中国共産党が困り果てて対外的な行動を変えるかは大いに疑問が残るからだ。しかし、日本が中国と共存したいそぶりを見せながら、アメリカには対決姿勢で臨んでほしいとするならば、同盟国とはいえ筋が通らない話だろう。

さらに、どのような人物が新しい政権の中で忠臣としての実力を発揮し台頭して側近になるかによっても、日本の扱いに微妙なニュアンスの違いが出てくるかもしれない。たとえば、オバマ政権およびバイデン副大統領の下でその能力を高く評価されたジェイク・サリバン氏などは、クリントン国務長官に対中強硬的なアドバイスをしていたとされる。米誌『ニューズウィーク』に掲載された2020年7月の同氏の共著記事によれば、「中国のすぐそばの地域の大国で、しかも中国より強大な超大国で（アメリカの）同盟国でもある国がある。それが日本」とも記述している。「中国が（日本から台湾、フィリピン、インドネシアへと続く）『第1列島線』の先まで影響力圏を広げるには日本が大きな障害になる」としており、日本への期待はおそろしいほど高い。

現時点では、誰が新政権で影響力を持つようになるのかは、まだ分からない。それは、日本が受け身でいてはならないということを意味する。もし日本が、中国に対して厳しいアメリカの存在を望むなら、そのように仕向けるのが日本の役割であろう。そのような働きかけも無理というのなら、何のための同盟国なのか自問自答せねばならない。また、日本のリーダーシップの知恵に当の日本人有権者が疑問を持たねばならないことになる。大統領選挙の結果が見える前に、日本は自国の方針と戦略そして人材の配置を整えておく必要がある。

バイデン政権の入閣候補者リスト

もしバイデン大統領が誕生すると、オバマ政権時代の側近がホワイトハウスに戻ってくる可能性が高い。ただし、アメリカの高級官僚は政治指名職であり、これはバイデン氏にかかわらず、どの民主党の大統領が誕生しようが、同じような顔ぶれの名前が挙がる傾向がある。特に知日派やアジア政策に詳しい専門家となると、共和党系と民主党系の双方に存在するため、どちらかの政党の専門家が毎回入れ替わる現象もみられる。大統領の関心の中心がどのようなイシューなのかにもよるが、もし関心が低ければ、専門家である側近の裁量が増すことから、誰が日本とその周辺地域の担当になるのかが、大変重要な問題になる。

ただし、バイデン政権の場合はオバマ政権やトランプ政権と違う側面が予測できる。それはバイデン氏の地元だったデラウェア州は大きな州ではなく、電車通勤とはいえ地元に費やす時間よりも多くの時間をワシントンで過ごすことができた点である。しかも上院議員36年、副大統領8年のキャリアを通し、誰よりもワシントンを知る大統領になる。つまり多くの政策専門家と働いたことがあり、多くの人を直接知っているため、州知事や議員経験の浅い立場から立候補した大統領とは人脈の桁が違うのである。振り返れば、トランプ氏は完全なワシントン・アウトサイダーだった。そしてオバマ、ブッシュ、クリントン、レーガン政権と遡っても、バイデン氏ほど初めからワシントンに人脈のある大統領はいない。そういう意味では、どのような閣僚指名が飛び出しても不思議ではないのである。政策アドバイザーの名前はすでに2000人を超えたと報道されている。

バイデン政権が誕生した場合、対日政策の問題と対中政策の問題は密接にリンクする。日本の事情に詳しい側近がホワイトハウスで大統領を支えるようになれば、日本との情報の流れが良くなることが期待できる。逆に中国に力を入れるあまり、日本に関する知識や人脈のない人物ばかりが脇を固めることになると、意思疎通はそれほど楽ではなくなる。

現在、バイデン陣営に助言者として名前の挙がっている外交専門家には、知日派も含めてさまざまな人物がいる。カート・キャンベル元国務次官補は、「アメリカの対策の不足ぶりや内向きの姿勢が、中国のグローバルリーダーシップ追求を助ける結果になっている」と指摘する。日本との関係も非常に深い。

バイデン陣営で、今は国内政策を担当しているジェイク・サリバン元副大統領補佐官（国家安全保障担当）は、論文で、「中国がアメリカのグローバルリーダーシップに挑戦しようと準備していることは、まぎれもない事実だ」としている。サリバン氏も日本のシンクタンクなどと以前からやりとりがある知日派といえよう。

オバマ政権前半では、ジェームズ・スタインバーグ国務副長官が活躍したが、親中派過ぎて2期目は留任しなかった。今のところ入閣の機運はなさそうだ。オバマ前政権2期目の国務次官補は、ダニエル・ラッセル氏だった。この人も入閣は現在のところまずなさそうだが、アジア外交の実務を切り盛りした経験がある。中国に対する見方は当時から変化し始めていたという。特にサイバースパイ、南シナ海での人工島の建設、既存の国際秩序を変えようとする動きなど、中国による強硬策はオバマ政権時代に勢いづき始め、オバマ政権の終盤には、政権内で中国への見方が変わり、中国に対する関与はすでに見切りを付けて、抑止を主眼に置いていたそうだ。

バイデン氏の外交政策のシニアアドバイザーを務めるアントニー・ブリンケン氏は、元国務副長官だ。バイデン政権でも中核的役割を果たす。ドイツ駐留米軍の削減については、「トランプ大統領が下した決断すべてを見直す」と語っている。事前に同盟国のドイツに相談しないと決めたのは、決定方法が間違っているとした。外交政策全般に影響力があり、もし政権が発足した場合には何らかのポジションを与えられる可能性がある。オバマ政権で国家安全保障分野担当だったジュリアン・スミス氏も、中国の国有企業が近年にギリシャのピレウス港、オランダのロッテルダム港、ベルギーのアントワープ港など欧州の一部の主要港への出資を増やしていることを指摘して、欧州の安全保障上の「脆弱性」を生んでいる可能性があり、「われわれは中国が欧米の安全保障にもたらす課題について欧州の同盟国と意見交換したい」との協調姿勢を示している。

ざっと見たところ重要ポジションに指名されるかもしれない国際派には、次の人々が挙げられる。

※アントニー・ブリンケン元国務副長官（58）　現在バイデン陣営で、外交政策を取り仕切っている。上院外交委員会のスタッフディレクターとしてバイデン氏に仕えた後、オバマ政権で国務副長官。２０１６年末に政権を去った後、米ペンシルベニア大学傘下の外交公共関係の団体ペン・バイデン・センターを運営するも、中国からの多額の寄付を公表しなかったとも言われている。２０１４年にオバマ政権の国務副長官に任命された際の上院における承認プロセスで、共和党のマケイン上院議員らから、イラク政策などの問題点を追及されて「底知れぬ無知」「米国にとって危険な人物」と酷評されて承認が遅れた経緯がある。ユダヤ系。　↓　ＮＳＣトップになる噂も。

※ジェイク・サリバン氏（43）　副大統領時代のバイデン氏の国家安全保障問題担当補佐官。エール大法科大学院卒、ローズ奨学生として英オックスフォード大に留学、国際関係論で修士号。最高裁判事の事務官、連邦上院議員顧問を歴任。２００８年の大統領選では巧みな討論術を買われてヒラリー・クリントン前国務長官の討論会対策を担当。オバマ大統領が民主党候補に指名されると、陣営入りして討論会対策を担当。

クリントン国務長官の下で国務省政策企画本部長。2016年大統領選挙では、クリントン陣営の外交政策立案責任者。もしヒラリー氏が大統領になっていたら、史上最年少の大統領国家安全保障問題担当補佐官になっていたと言われる人物。イランとの極秘交渉を担った。中国に強い姿勢で臨むようにクリントン前長官の戦略を構築。現在、陣営では外交をブリンケン氏が担当しているので、サリバン氏は国内政治や経済政策を担当。

※ミシェル・フロノイ氏（59）元国防次官。歴代民主党政権の国防長官補佐官を歴任。英オックスフォード大学留学の英才。

※イーライ・ラトナー氏（年齢非公表）2015年、バイデン副大統領の下で国家安全保障担当補佐官を務める。

※スーザン・ライス氏（55）元大統領補佐官（国家安全保障担当）。在任当時は親中派。中国に優しく日本に厳しいとも称された。クリントン政権で、ホワイトハウスの国家安全保障会議（NSC）の上級スタッフを務めた後、アフリカ担当の国務次官補を務めた。さらにオバマ政権では、国連大使と国家安全保障問題担当の大統領補佐官を歴

任。クリントン政権とオバマ政権の計16年、民主党政権の中枢で行政を担ってきた。アメリカの国益のためには同盟国・日本と仲良くするより、中国と良好な関係を築いて、二大国同士のウィン・ウィンの体制を構築するべきとする立場を過去にはとってきた。彼女の考え方のパターンでは、動かしにくい中国よりも、動かしやすい日本をターゲットに貿易交渉などで厳しく迫り、アメリカの製造業や農業従事者および支援母体の労働組合の有権者を喜ばせようとする可能性も否定できない。したがって日本は、アメリカとの通商交渉は国際協調体制の枠組みの中で対処し、トランプ大統領と安倍前総理が行ったような二国間交渉に応じないことが大事だろう。

※ニコラス・バーンズ氏（64）外交官。クリントン政権で国務省報道官。2005〜2008年、政務担当の国務次官。

※ウィリアム（ビル）・バーンズ氏（64）外交官。ニコラス・バーンズの後を継ぎ、2008〜2011年、政務担当の国務次官。2011年から国務副長官。

※ベン・ローズ氏（42）オバマ政権で大統領副補佐官。

※ジャレッド・バーンスタイン氏（65）副大統領時代のバイデン氏の経済顧問を務め、

現在もバイデン氏選対のアドバイザーとなっている。

※ ペニー・プリツカー氏（61）バイデン経済参謀。プリツカー氏はバイデン氏の強みに関して「アメリカが不景気に喘ぐときに政権に就くことは、バイデン氏にとって今回が初めてではない。このことは大きな強みだ」と発言。バイデン氏がオバマ氏の片腕として2009年1月に副大統領の就任宣誓をした際も、リーマンショック直後の強烈な不景気と高失業率のさなかだった。

※ ダニエル・ラッセル氏（66）現在アジア協会政策研究所副会長。オバマ政権下で東アジア太平洋担当の国務次官補。「ヒューストン総領事館の閉鎖は、米中間の間で存在している外交チャンネルをさらに減らすことになり、その修復は極めて困難になってくるだろう」と発言。

※ トーマス・ドニロン氏（65）国務長官筆頭候補との噂も。元大統領国家安全保障問題担当補佐官。アイルランド系。現在は資産運用最大手ブラックロックの最高幹部。2014〜2015年、岸田文雄外務大臣（当時）がワシントンDCを訪問した際、6人で開かれた夕食会メンバーの1人。

※　カート・キャンベル氏（63）　外交官。クリントン政権ではアジア・太平洋担当国防副次官補、国家安全保障会議事務局長、北米自由貿易協定大統領特別顧問代理、財務省ホワイトハウス特別研究員を歴任した。オバマ政権時の２００９年、東アジア・太平洋担当国務次官補に就任。妻はオバマ政権で国際担当財務次官を務めたラエル・ブレイナード氏。

※　ブライアン・マッケオン氏（年齢非公表）　オバマ政権でホワイトハウスおよび国防総省で安全保障の上席官を務めた。米上院で20年の勤務経験を持つ。そのうち12年は、上院外交委員会に委員会に勤務した。

※　ジェフリー・プレスコット氏（年齢非公表）　ペン・バイデン・センターで戦略コンサルタントを務める。オバマ大統領の特別補佐官を務めた。またNSCでは、イラン、イラク、シリアと湾岸諸国担当部長。オバマ政権に加わったのは２０１０年であり、当時のバイデン副大統領の下でも安全保障副補佐官、そしてアジア上席補佐官を務めた。

※　ジュリアン・スミス氏（年齢非公表）　２０１２年から２０１３年まで、バイデン副大

統領の安全保障担当副補佐官。特にNATOと欧州の政策に詳しい。
※ エリザベス・ローゼンバーグ氏（年齢非公表）２００９年から２０１３年にかけて、財務省で上席補佐官を務め、テロリスト資金源、金融犯罪、およびテロと金融諜報などを担当。

噂ベースでは、以下のような話も出ている。

▼ 大統領首席補佐官は、ジェイク・サリバン元副大統領国家安全保障問題担当補佐官
▼ 大統領補佐官（安保担当）は、アントニー・ブリンケン元国務副長官
▼ 国防長官は、ミシェル・フロノイ元国防次官
▼ 国務長官候補筆頭は、トーマス・ドニロン元大統領国家安全保障問題担当補佐官

ドニロン氏、フロノイ氏、サリバン氏、ブリンケン氏が、バイデン政権の中核メンバーになるとしたら、おそらくサリバン氏が最も日本に理解がある人になる可能性がある。た

だし前述のとおり、バイデン氏には無数の政策のプロたちが控えており、選択は無限だ。

ＴＰＰなどの多国間の枠組みが復活する可能性

ＴＰＰの扱いは、それが「アメリカの有権者にとって利益になるか」どうかという視点で議論されることになろう。既にトランプ大統領が離脱を決定してしまった以上、もしバイデン政権が誕生しても、その土俵の上で有権者を説得しなければならないから楽ではない。本来は中国を標的にした自由経済圏のはずであったが、民主主義国の経済同盟であるとか安全保障面をも考慮した経済協定であるという議論は、国民一般にはなかなか通用しない。

「貿易政策や経済政策を占いたければ、ジェイク・サリバンの発信に要注意だよ」と繰り返し連絡してくるのは、共和党でブッシュ政権の重鎮を務めた若き元同僚だ。バイデン氏の外交アドバイザーを長期間務めたジェイク・サリバン氏の発信で注目されているのは、『フォーリン・ポリシー』誌に掲載されたバイデン政権としての経済政策だ。これは国内向けのものであるため、多くは第2章で述べたが、貿易に関する部分を注意して見ておきたい。

その論文には、外交を専門とする人々は「アメリカに拠点を置く多国籍企業の利益は、決してアメリカの利益ではない」点に注意すべきだとしている。その典型が製薬会社だと指摘する。確かにアメリカの製薬会社は世界のトップを走り、輸出に強みを持っているため、貿易交渉ではアメリカの製薬会社に有利になるようアメリカ政府は全力を尽くしている。しかしながら、現実は驚くほどイメージと違っている。つまり、製薬会社は知的所有権を握っているけれど、有効成分のほとんどは海外で生産されているのだ。

グローバリゼーションの世界では当然のように見えるかもしれないが、アメリカが頼るのは低賃金の国ではなくイスラエルやスイスなどだ。このような問題は、アメリカ国内での低賃金の硬直化や賃金格差および低成長の原因となっているため、独占禁止政策が有効な政策だという。中国のさらなる台頭を阻止するためにも、国際的な独占禁止戦略の必要性を唱《とな》える。どこでどのように製品がつくられているか、国際社会が監視する必要があるとする立ち位置は、貿易の国際協定にも何らかの影響を与えるそうだ。

サリバン氏の論でいえば、アメリカ国内の労働者を守るという意味で、ＴＰＰの枠組みを利用した独占禁止戦略が国民に利益をもたらすという言い方が成り立つ。彼はもともと外交安保のスペシャリストでもあるので、国益と国際関係を結び付ける能力に長けている側面がある。

トランプ政権では、ＴＰＰなどのような多国間交渉の貿易枠組みを棄て、安全保障への脅威であることを理由にした通商拡大法２３２条を適用し、同盟国にもこれを当てはめ、追加関税制裁として科すことを脅しにして、二国間交渉テーブルに引きずり出すことを得意とした。しかし、バイデン政権が成立すればこれを同盟国に対して適用することは取り下げられる可能性が高い。それは同盟重視のバイデン政権とは相いれない発想だからだ。

中国については適用の可能性も残るが、バイデン選対のアドバイザーの１人である筆者の友人に言わせると、「中国の問題こそ、ルールに基づいて解決する道を探るべきだ」とプライベートの会話で述べた。筆者が「では、ＷＴＯで中国の発展途上国扱いを止めるのか」と聞くと「第２の経済大国が発展途上国であるはずがない」と答えた。多国間の枠組みでもしそのような対処をしようとするなら、アメリカは同盟国をはじめとしてＷＴＯ加盟国の協力を取り付ける必要が生じる。外交努力は並大抵なものではなくなるだろう。

その一方で、バイデン氏は7月に「バイ・アメリカン（アメリカ製品を買おう）」政策を発表して、主に中国によって打撃を被った米製造業の復活を支援すると表明した。バイデン政権になっても、こうした国内向けのアピールは必要になるという現実は覚悟しておくべきだ。

北朝鮮対応の「優先順位」は低い

北朝鮮問題は、トランプ政権が大きな関心を示したことで、核廃棄について前進が期待されたのだが、金正恩委員長との対談そのものが主目的のまま少なくとも現時点では核の全面廃棄には至っていない。ボルトン前補佐官が7月に出版した回顧録にも舞台裏が紹介されているが、北朝鮮は核兵器を手放すつもりはなく、一部を約束して逃げ切り、和平協定や経済制裁の解除、そして朝鮮半島から米軍を撤退させることが最終目標にあったようである。

アメリカと北朝鮮は、過去25年間において、和平協議を始める試みは行っている。平和条約や不可侵協定など、模索はさまざまだった。１９８０年代終盤から１９９０年代初頭にかけて、韓国はソ連や中国そして北朝鮮との国交樹立を目指し、緊張緩和を目指していた。盧泰愚《ノテウ》政権の頃である。1991年には韓国と北朝鮮が同時に国連に加盟した。同年12月には部分的な和解合意に達したが、1993年の北朝鮮による核開発危機が起こり融和は阻まれた。1994年にアメリカが先制攻撃直前までいったのは、民主党のクリントン政権の時である。北朝鮮の核施設だけを攻撃する精密爆撃を準備したがソウルが犠牲になるリスクを韓国政府が懸念したため実行には移せなかった。

その後1996年には、クリントン大統領が金泳三《キムヨンサム》大統領と共同で、北朝鮮および中国を含めた四か国協議を提案。1997年から1999年にかけ、朝鮮半島緊張の緩和と平和メカニズムの構築を目指して6回のワーキンググループによる協議が行われたが、決裂した。理由は、北朝鮮が駐韓国米軍を撤退させるように要求したことに対し、アメリカと韓国が反対したからだ。

その後は2003年から2007年に行われた六カ国協議へと移ることになる。四カ国に加えて日本とロシアが加わった。目的は北朝鮮の核開発プログラムを断念させて平和条約に漕ぎつけることだった。この対話も韓国の盧武《ノム》鉉《ヒョン》大統領の悲願として始まったと、米議会の報告書では記述されている。さらに現在の文在寅《ムンジェイン》大統領が当時の筆頭スタッフで、かつての平和条約と非核化を再度望んでいるという説明も、議会用のレポートには付加されている。２００５年と２００７年には共同声明が発表されるに至ったが、結局は北朝鮮の核開発は止められなかった。

六カ国協議の最初と最後は、核放棄と平和協定のどちらか一方を成立させるという順番よりも、ハイブリッドの形で同時に進めるという形態をとった。ブッシュ政権の２００１年から２００８年は、北朝鮮を「悪の枢軸」と呼び、金正日政権を倒すという目標を立てたが、アメリカは中東での戦争で手一杯になり、北朝鮮攻撃は行っていない。その間もブッシュ政権では「核放棄がなければ平和協定は結ばない」という同時並行型拒否の厳しいスタンスであった。スタンスとしてだけではあるが、同時並行型でも良いだろうとしたのは、クリントンとオバマの民主党政権のみということになる。

中国は、核廃棄と平和協定は同時並行で進めるべきだと主張しており、それに多少なりとも耳を貸したことになるかもしれない。ただしオバマ政権については誕生間もない時期であり、北朝鮮が六カ国協議のテーブルに戻るまで「戦略的忍耐」を採用した。戦略的忍耐とは、何もしないわけではなく、北朝鮮が交渉のテーブルに着くよう、米韓演習を大々的に行って北朝鮮に圧力をかけ、国連による対北朝鮮制裁のみならず、アメリカ独自の制裁を科す大統領令も、オバマ氏が数本発出している。

しかし北朝鮮の非核化の意思を前提とした米朝対話は、ついに始まらなかった。その後のトランプ政権による北朝鮮対応は周知のとおりで、ボルトン氏らの安易な合意を避ける努力もあったが、北朝鮮とのトップ会談は決裂に終わり、同時並行型の合意には至ることなく現在を迎えている。結局のところいずれの方法にしても、北朝鮮の核開発は続き、時間稼ぎは常に成功している。米韓合同軍事演習も、トランプ大統領は一方的に中止や縮少を決めている。日本人拉致問題も、解決は未だしていない。

そんな北朝鮮を相手にして、もしバイデン政権が誕生したならば、どのような対処の方法があるのだろうか。オバマ政権の戦略的忍耐は結局のところ機能せず、北朝鮮に核兵器やミサイルの開発を進める時間稼ぎをさせただけに終わった。時の大統領補佐官だったスーザン・ライス氏が、2017年から2018年に米朝間の緊張が高まった際に北朝鮮を事実上の核保有国と認めるかのようなコメントをして、2017年8月10日付ニューヨークタイムズに掲載されたことは前述したとおりである。アメリカは核抑止力があるが、日本にはアメリカの核の傘が抑止の頼りである。このような状況で、アメリカがどのような北朝鮮政策に出るのかは大きな関心事となる。

予測を導き出すには、大統領の個性や考え方を推し量る以上に、大きな流れである時代の変化とアメリカの変質を見ることが必要になるだろう。ブッシュ政権による中東での戦争は、アメリカ人を疲弊させた。それまで圧倒的な覇権を誇り、アメリカの価値を多くの国々に実践してもらうことは、善であるというアメリカ例外主義を土台とした国際秩序の形成努力は、圧倒的なアメリカの優越があってこそ可能だった。しかし、相対的に国力や影響力が減少し金融危機などで所得格差や社会の分断が増幅していく過程にあって、アメリカ国民は世界の警察官を放棄するとうたったオバマ大統領を、アメリカを1つにまとめる希望の象徴として選んだ。トランプ大統領は、その延長線上に誕生した大統領だ。結局のところ、トランプ大統領も軍事力を使って北朝鮮の核兵器を除去するという外科手術は望んでいない。

ということは、バイデン政権もその延長線上に位置するほか選択はないということになる。アメリカは中国の台頭などを受けて、相対的に力を失いつつある。経済力、軍事力、そして世界のモラル牽引役としての役割を一部放棄してでも、普通の国になろうとしているのが今のアメリカであろう。そして若年層になればなるほど、アメリカを普通の国であるととらえる傾向が強いとされる。経済的にも多くの国民が豊かで軍事的に圧倒的な強さを誇るアメリカが取り戻されるまで、かつてのアメリカ（例外主義と優越性）を取り戻すことは難しく、北朝鮮と実戦が始まるリスクは、なかなか取れそうもない。

そうなると、現在の北朝鮮が存続することを意味するし、これからも日本は抑止力や攻撃対処能力を身に着ける必要が生じる。またバイデン政権において、米朝交渉という二国間協議によって事態を打開することは、多国間協調主義を唱えるバイデン流ではないかも知れない。少なくとも、北朝鮮の挑発行為がアメリカに向けて行われる時まで、新政権としての優先順位は急には上がらなそうである。

ただし、もしスーザン・ライス氏などが要職につくとなれば、北の核武装を受け入れ、伝統的な核抑止力でそれを押さえるとする彼女の主張が生かされる可能性もあり、対話路線に転じる恐れもある。かつてのオバマ政権には同様の考え方をする人々が何人かいる。

国家情報長官だったジェームズ・クラッパー氏も北朝鮮の核武装はすでに手遅れだから、その現実を飲み込んだ上でコントロールの方法を考えたほうが実利的だという人もいるし、クリントン政権で米朝核合意の交渉をしたロバート・ガルーチ氏も北朝鮮の核は抑止可能だと主張していると伝わってくる。ただし、トランプ政権の対北朝鮮政策に対する反発から出た発言である側面も多分にあるため、必ずしも北朝鮮の核容認論者だとするラベルを貼るのは正しくないかもしれない。

「昔のような対中融和はあり得ない」

中国は、尖閣諸島をはじめとする南シナ海および東シナ海への海洋進出を推し進めている。新型コロナウイルスで世界が翻弄される最中にも、この軍拡は続き中国経済の台頭と共に大きな脅威となっている。日本の自衛隊と米軍は、パンデミック拡大後の共同訓練を継続しており、中国の活発な軍事活動を警戒している。それでも中国の活動がより活発になっているということは、おそらくアメリカや日本の足元を見てのことであろう。

要するに抑止が十分に利いていないことの証左である。抑止とは、どこまでの進出なら許されるのか、そしてどの程度の挑発なら容認されるのかを試してみたいと思う誘惑を起こさせないことを目的とする。しかし中国はレッドラインを試しつつ、やった者勝ちを決め込む態勢をとっており、非常に危険な行為である。

抑止が利かなくなってきている理由には、中国の軍事力強化や自信が挙げられる。そして他にもアメリカの国内問題や社会の分断、国際的なリーダーとしてのかつての勢いが陰って内向きになっていること、経済的ディールを重視しがちなトランプ大統領の足元も見ていることなど、多くの要因が挙げられよう。トランプ政権では、ポンペオ国務長官をはじめ多くの政権幹部が中国への厳しい指摘や糾弾を行っている。しかし中国はそれを横目に相変わらず海洋活動を活発に継続している。

もしバイデン大統領が誕生したとしてもそんな挑発が継続されるのであろうか。オバマ政権もトランプ政権も、尖閣諸島の防衛は日米安保条約第5条の適用範囲内であることを宣言している。またポンペオ国務長官は、南シナ海で中国が設定した九段線も法的な根拠がないと宣言した。そのようなメッセージにもかかわらず、中国の海警局や軍などが尖閣諸島周辺に100日以上連続で侵入を繰り返す。日米も中国に対抗して、周辺での軍事演習を行っているが、中国はひるむ様子がない。

米議会も、中国の尖閣諸島領有権を否定している。2020年5月23日に共和党と民主党の議員が超党派で「南シナ海・東シナ海制裁法案」というものを提出した。この法案の目的は中国が領有権を主張する海域の実効支配を諦めるまで圧力をかけることである。中国以外が領有権を主張する海域で安定を脅かす行為をした個人にはアメリカ国内の金融資産凍結やビザの取消や申請却下という制裁を科せるようにする法案であることはすでに述べたとおりだ。まだ審議中ではあるが、政権が代わろうとも、超党派で決まる政策や法案の方向性には大きな変化は起こらないだろう。

それでも、日本としては中国の挑発がいつまで続くのか心配である。そしてバイデン政権の判断にも関心が及ぶ。バイデン陣営の政策アドバイザーの中の1人にリモート会合でそこを質問してみた。返ってきた答えは、

「トランプ政権が中国の海洋進出を活発化させる結果を招いたのだ。同盟諸国の連帯がないまま政権幹部が発言だけしても本当の脅威にも抑止にもならない。バイデン政権に交代すれば、同盟国と一致団結して中国に勝手な行動はさせない」

というものだった。問題は本当に中国がそのような手段に反応するかどうかである。全く反応しなかった場合は、次の手段を用意しておかねば前進はできない。しかも善意の関与だけでは軍拡の勢いを止めることも難しい。それでも、たしかに中国に対する認識が党派を超えたものとなっていることは確かだ。昔のような中国融和はありえないという理解が浸透しているならば、どちらの政党が政権を取っても同じことだろう。ただ日本がアメリカにばかり頼ることは、アメリカの国力が相対的に低下する時代にあって非常に厳しい側面もある。ますます軍事行動が活発化する中国に対抗するためには、日米同盟の緻密な戦略性を日本がリードする努力も必要である。

たとえば、こんなことがあった。2013年11月に中国が一方的に防空識別圏を東シナ海に設定したことがある。当時のバイデン副大統領は安倍前総理と会談し、これを認めないとする立場で一致し、この後にバイデン副大統領が中国を訪問した際に、アメリカが防空識別圏を認めないと中国政府に伝えたとされる。こうして徐々に、アメリカの対中関与路線は、すでに競争戦略に置き換えられていったこともバイデン氏は身をもって知っているはずだ。

中国を競争相手と定め、「共存」する以外に選択はないという現実的なスタンスは、中国との融和というわけではない。それは、共存でなければ、どちらかがどちらかを消滅させる以外に選択肢がなくなるから、共存だという消極的選択をしているだけだ。それなら共存の条件を設定して方向性を示し手段を明確化することで、不要な衝突を避けられるとするのが、バイデン政権の選択になるかもしれない。少なくとも陣営の政策アドバイザーの1人が筆者に直接語ったポイントはそれであった。

ただし中国融和か融和でないかにかかわらず、尖閣諸島の防衛そのものは、まだ抑止を立て直す猶予がある。北朝鮮の核兵器開発のように進んでしまってから時計の針を戻すのは難しいが、尖閣諸島はまだ間に合う。抑止が強固でなければ、中国は「価値のない岩の塊のためにアメリカが大国間戦争のリスクを冒すはずはない」と踏み込んだ判断をする可能性を残してしまう。つまり、十分信憑性のある形でアメリカあるいは日米が反撃すると証明しなければ、抑止そのものは機能せずに崩壊する。そうなると問題は深刻になる。アメリカが反撃しなければ、他のレッドラインを探すことが中国にとって容易になるばかりか、アメリカに対する一切の信用が消えてなくなる。

おそらくバイデン政権でも理解されることになるのが、「中国の脅威の質が変化している以上、アメリカは軍事力と経済制裁などの非軍事的制裁策を組み合わせた新しい抑止戦略を考えなければならない」という現実であろう。中国を甘く見ること自体が、抑止の弱体化を意味するのである。

日本におけるバイデン氏のメリット

民主党政権は、どちらかというと内向きである可能性が高いため、アメリカの軍事力とそれによる抑止を必要とする日本にとっては、これまで特段歓迎すべき政党とはいえない傾向があった。ただしバイデン政権となると多少毛色が違う。

第1に、メリットとしては、良識的な大統領とワシントンに精通したスタッフが政権を支えることになる可能性が高いことである。それは日本の政治家や官僚もホワイトハウスにアクセスしやすくなることを意味する。ロビー活動も行いやすくなるだろう。またバイデン氏は下からの積み上げをひっくり返すようなキャラクターではない。しかしこのことのデメリットは、どの国もロビー活動を始めるから、日本の政策担当者にとっても競争が激しくなってしまって、日本だけが優位という環境を作り出すのが困難になりそうだ。したがって、もしバイデン氏が当選することになったら、真っ先にアクセスを図りロビー活動のパイプを太くしておくことが必要になる。

第2に、メリットとして国際協調の機運が同盟国や民主主義国の間で起こる可能性が考えられることである。外交分野でのキャリア構築を上院議員として積み上げたバイデン氏には、世界中に既知の人物がいる。外交的な言葉を使えるので、言葉の正面衝突もトランプ氏ほどには起こらない。しかしデメリットとしては、どこまでが本心なのか明瞭でない場合も生じることである。失言も心配だ。

第3に、メリットとして熱狂的な支持者が多くないのに選挙で勝てるとすれば、政権スタート時に期待値が低く抑えられるということにもなる。そこで打ち出す政策が意外に良いものであれば、評価は上がりやすい。多少の成果が思わぬ評価につながることもあるだろう。ただしこれにもデメリットはあり、カリスマ性の少ない大統領が副大統領や閣僚の陰で存在感を発揮できない場合が生じるかもしれない。高齢でもあることから、途中で降板という可能性もゼロではなく、副大統領などが目立ちすぎると就任初日からレイムダックの大統領という前代未聞の事態も可能性ゼロではない。

第4に、メリットとして中道派の大統領が誕生することで社会の安定を期待できそうなことである。選挙戦中はもちろん勝つための目的でバイデン氏の左傾化は避けられない部分があるが、当選の暁には実務的に中道をキープできる可能性がある。そのことによってアメリカ社会が安定し、アメリカ国内の分断が少しでも解消されれば、世界秩序の安定化にも寄与できる。しかしそのデメリットとしては、中道的であれば目立った新鮮味もなく、かつての古く退屈なワシントン政治に逆戻りという印象を与えてしまう可能性がある。

第5に、メリットとして少なくとも表面上は中国との対立がトランプ政権ほど激しくはなくなることである。米中が激しく対決したままになってしまうと、安全保障上はともかく経済的には日本に大きなダメージが及ぶ可能性が否定できない。このデメリットは中国に対する融和的な態度が、中国との競争を本当に勝ち抜けるのか不安を与える点である。

第6に、メリットとしてグローバル・イシューへのコミットメントや、国際機関および国際的枠組みへのアメリカの回帰が挙げられる。トランプ大統領が離脱したパリ協定などの合意にはおそらくバイデン政権は復帰を果たすだろう。またドイツから引き揚げた駐留米軍も元に戻すとバイデン陣営はすでに発表している。NATOとのコミュニケーションも元に戻そうとするだろう。イランとの核合意もしかりである。イランが望むかは別問題として、可能ならバイデン政権は復帰を考えるだろう。マイナス面は、バイデン氏が地球温暖化などのグローバル・イシューを追求しすぎると、結局のところ米中協力が欠かせなくなり、結果的に中途半端な対中安全保障体制につながる恐れがあることだ。

第7に、バイデン政権のメリットとして人権や自由の推進が見られるようになることだろう。香港、ウイグル、チベットなど、トランプ大統領があまり言及したくなさそうなテーマに、民主党の大統領は心を砕く可能性が否定できない。しかしデメリットとして、それだけでは中国の外部に対する態度を変化させるのは難しいことだ。相当に用意周到な同盟国とのタッグが必要になるであろう。

第8に、メリットとしては良識の分かる大統領なだけに、中国の存在をある程度認めない限り経済も国際システムも回らないと理解して妥協点を探そうとすることだろう。しかしこの部分のデメリットは大きい。産業界の国際ルール作りを強化している中国にとって、通信などの国際規格の主導権をとることは、過去に西欧諸国が使ってきた手段を今度は中国が利用することになる。その事実に自己矛盾をもろともせず中国叩きができるだけの面の皮の厚さがないと、中国には立ち向かえない。ある意味、トランプ氏の非常識さこそが、中国の行動規範に物申す適当なバランスだったのかもしれず、後になって振り返るとそれが明らかになる時がくるかもしれない。

最後に、中国包囲網が必要となっている現代、トランプ大統領方式の同盟国分断（あるいはディールとして金銭的価値にのみ頼る）戦略はなかなか機能しない。したがってその反対に同盟国の結束を高めようと訴えるバイデン政権は、その成否は未知のものであるとはしても、大きな方向性として大事な試みと考えられる。日本にとっても日米の結束を高めて抑止力を強化することにつなげるには、この方法しか残されておらず、同盟重視がどのような効果を生むのか、バイデン政権が誕生した場合には、その真価が問われることになるだろう。そして重要なのは、同盟の中身である具体策をどのように近代化させていくかということであり、日本の積極的な動きが必要な時代を迎えたという現実である。

アメリカが最も重要な同盟国である以上、かつての唯一の覇権国を沈ませ過ぎることがないよう、日本も努力していかなければならない。

おわりに

「トランプ語」というものがある。これも時代を象徴するトランプ大統領の独特のスタイルだ。とにかく人々の脳裏に焼き付くインパクトのある単語を立て続けに連発する。種類は多くなく、その特徴は「極端」かつ「単純」だ。日本人でもなじみ深い英語で、たとえば、great, unbelievable, fantastic, tremendous, very special, incredible, beautiful, nobody has ever seen, powerful, spectacular, thousands of thousands などなど。

そんな分かりやすいトランプ大統領を支持する人は、決して少なくない。しかも世論調査はその動向を十分に把握しきれていない。２０１６年の選挙予想を大きく外した世論調査だったが、ここにもアメリカの分断が隠されている。大きく予想が外れた調査会社は主要世論調査会社とメディアの主流派だった。ところが当時、共和党とガッチリ組んだ党派性の高い調査会社は、比較的に正しい数字を導き出していたことが分かっている。

それらは、トラファルガー、ハーパー、レミントン、ザ・デ・モイン・レジスターといったローカルな会社である。驚くことに前回では、中西部のラストベルトおよびフロリダ州で獲得された代議員の数を正確に予測していた。これらの会社は、有名な統計学者ネイト・シルバー氏が率いる538からも、いまだに低い評価を与えられたままだ。

さて、今年の大統領選挙もこれらの共和党系調査会社によれば、8月現在、フロリダ州とミネソタ州は互角。ミシガン州とノースカロライナ州はバイデン氏が1ポイント差でリードし、ペンシルベニア州では5ポイント差もつけるが、ウイスコンシン州とアイオワ州でトランプ氏が1ポイント差でリードしている。総合値でも共和党系の調査では両者の差は1ポイントなのに、主流派メディアと調査会社は民主党系が多く、バイデン氏の支持率各社の調査を平均する世論調査データ収集サイトのリアル・クリアア・ポリティクスも同様だ。選挙が接戦になれば、11月にアメリカ政治のさらなる混乱は不可避となる。可能なら大差で決着してほしいものだ。そして誰が大統領になろうとも、日本がアメリカに能動的に働きかけ、誘導するくらいの覚悟が必要な時代が、いよいよやってこようとしている。

中林美恵子［なかばやし・みえこ］

埼玉県深谷市生まれ。大阪大学大学院国際公共政策研究科博士後期課程修了。米国ワシントン州立大学大学院政治学部修士課程修了。米国在住14年間のうち、永住権を得て1992年に日本人として初めてアメリカ連邦議会・上院予算委員会スタッフ（公務員）として採用され、約10年にわたり米国家予算編成に携わる。『日経ウーマン』誌の政治部門「1994ウーマン・オブ・ザ・イヤー」受賞、1996年アトランタ五輪聖火ランナー。2002年に帰国し、大学での教職、政府審議員、衆議院議員（2009〜2012年）などを経て、現在は早稲田大学教授。著書多数。

編集：小川昭芳
編集協力：松浦貴迪

沈みゆくアメリカ覇権
止まらぬ格差拡大と分断がもたらす政治

二〇二〇年 十月六日 初版第一刷発行

著者 中林美恵子
発行人 飯田昌宏
発行所 株式会社小学館
〒一〇一－八〇〇一 東京都千代田区一ツ橋二ノ三ノ一
電話 編集：〇三－三二三〇－五一一七
販売：〇三－五二八一－三五五五

印刷・製本 中央精版印刷株式会社

Printed in Japan ISBN978-4-09-825382-1